Zacharias Heyes

Selbst verständlich

ZACHARIAS HEYES

Selbst verständlich

Wie Rituale helfen, wieder bei sich anzukommen

Vier-Türme-Verlag

Bibliografische Information der Deutschen Nationalbibliothek

Die Deutsche Nationalbibliothek verzeichnet diese Publikation in der Deutschen Nationalbibliografie. Detaillierte bibliografische Daten sind im Internet über http://dnb.d-nb.de abrufbar.

1. Auflage 2018

Lektorat: Marlene Fritsch
Umschlaggestaltung: wunderlichundweigand, Stefan Weigand
Druck und Bindung: Finidr s.r.o., Český Těšín
ISBN 978-3-7365-0156-0

www.vier-tuerme-verlag.de

Inhalt

Vorwort

»Ich könnte ja so nicht leben. Jeden Tag das Gleiche. Das muss doch langweilig sein! Und Sie können mir nicht erzählen, dass Sie bei den Gebeten immer mit dem Herz dabei sind, das leiern Sie doch nur runter.« Diese Sätze höre ich immer wieder in Gesprächen. So faszinierend Besucher oft unser Leben empfinden, so gut es ihnen tut, im Kloster zu Gast sein zu können, sich zu erholen, einen Kurs zu besuchen oder im Gespräch Ratschläge für ihr Leben zu bekommen, die ihnen weiterhelfen, so sehr erschreckt sie oft andererseits die Vorstellung, dass wir Mönche jeden Tag nach der gleichen Routine leben, immer genaue Vorschriften für die Gebets- und Essenszeiten, für Arbeit und Freizeit einhalten – auch weil darin scheinbar wenig Raum für Spontaneität und eigene Ideen bleibt.

Im Lauf der Jahre, die ich schon Mönch bin, habe ich für mich immer mehr entdeckt, dass dieses nach außen hin routiniert und immer gleich wirkende Leben ganz viel innere Freiheit schenkt. Rituale und Routine haben nicht nur Nachteile, sondern sie öffnen Wege zu mir selbst. Nicht zuletzt deshalb, weil eine äußere Ordnung auch mein Inneres ordnet und strukturiert. Ich erfahre, dass ich wesentlicher werde und mein »inneres Chaos« sich neu sortiert.

In Ritualen steckt natürlich auch die Gefahr, dass sie irgendwann nur noch vollzogen werden, weil »man« das immer schon so gemacht hat – und zwar so und nicht anders. Dann sind sie einer Ordnung geschuldet, die rein willkürlich ist oder die nur aus traditionellen Gründen hochgehalten wird, aber eigentlich entleert ist. Das Tun bleibt rein äußerlich, hat aber keinen Bezug mehr zu dem Menschen, der es vollzieht. In solchen Fällen bringen Rituale uns nicht mehr mit uns selbst in Berührung. Doch darum geht es eigentlich in Ritualen: Mit mir selbst in Berührung zu kommen – mit meinem tiefsten Inneren. Als Mönch kann ich auch sagen: Es geht dabei darum, mit Gott in Berührung zu sein. Und dann ist ein Ritual eben der Ausstieg, die Unterbrechung der ganz alltäglichen Routine, das Innehalten, um mich für eine bestimmte Zeit aus dem Stress des Alltags herauszunehmen, das Durchatmen, um neue Kraft zu schöpfen.

Ein solches Tun ist bestimmt von der Frage: Woraus lebe ich? Lasse ich mich leben und bestimmen von meinem Alltag, von dem, was von mir erwartet wird, vom Leistungsdruck, oder lebe ich aus mir, aus meiner inneren Kraft? In diesem Sinn machen Rituale frei. In diesem Sinn sind sie selbst-verständlich, weil sie mich mit mir selbst in Berührung bringen.

Ich bin davon überzeugt, dass alle, die an unseren Ritualen teilnehmen, spüren, ob wir eine lebendige Gemeinschaft sind und ob das Ritual, das wir vollziehen, in Verbindung mit uns selbst steht. Unser Ordensgründer Benedikt von Nursia sagt, dass Herz und Stimme im Einklang sein sollen. Was wir singen und beten, soll aus dem Herzen kommen. Von daher stellt sich auch bei uns immer wieder die Frage nach der kritischen Überprüfung von Ritualen, Riten und Routinen.

Dazu erzählte mir vor einiger Zeit mein Supervisor Folgendes: Mit seinem Team hatte er über viele Jahre hinweg eine Sommerakademie veranstaltet. Diese war über all die Zeit, in der es sie gab, ein großer Erfolg. Dann aber hatten das Team und er den Eindruck, dass sich das Konzept totgelaufen hatte. Also beschlossen sie, die Akademie zu beenden und gaben dies bekannt. Es folgte ein Sturm der Entrüstung. Die meisten der Gäste, die jedes Jahr wiederkamen, sagten, sie könnten doch jetzt nicht aufhören und ohne diese Akademie würde etwas Wichtiges in ihrem Leben fehlen. Er nahm diese Kritik sehr ernst und beschloss mit seinem Team, sich im nächsten Jahr in den beiden Wochen, die die Akademie normalerweise dauert, Zeit zu nehmen, um sich in ein Tagungshaus zurückzuziehen und ein neues Konzept, eine neue Idee zu entwickeln. Diese Zeit wurde sehr fruchtbar für sie und sie erarbeiteten gemeinsam ein neues Projekt. Sie hatten erkannt: Wir könnten diese Akademie auch einfach weiterführen wie bisher, aber dann würden wir eine äußere Form am Leben erhalten, die so nicht mehr lebbar ist, weil sie nicht mehr »gefüllt« ist.

Bevor ich mich entschieden habe, ins Kloster einzutreten, habe ich in der Abtei Münsterschwarzach sechs Wochen mitgelebt. Ich habe versucht zu ergründen, warum die Mönche hier so leben, wie sie leben, und zu verstehen: Welchen Sinn ergibt es, mehrere Male am Tag in der Kirche zum Gebet zu sein? Welchen Sinn kann es haben, morgens um fünf Uhr aufzustehen, obwohl das doch gar nicht meine Zeit ist, und es trotzdem zu tun? Warum kann ich mir vorstellen, so zu leben und nicht anders?

Diese Frage ist geblieben. Ich stelle sie mir auch heute, nach fast zwanzig Jahren, immer wieder: Warum lebe ich so? Gerade dann, wenn ein Mitbruder die Gemeinschaft verlässt, überlege ich mir noch einmal: Warum bleibe ich? Diese Frage immer wieder zu stellen, bewahrt mich davor, meinen Weg und mein Mönchsein alltäglich und zur Gewohnheit werden zu lassen. Es bewahrt mich davor, ein Mönch zu werden, der »halt so lebt, wie er lebt«, weil er es immer schon so getan hat.

Diese Frage ist für mich umso wichtiger, da ich von meinem Charakter her eher jemand bin, der seine Freiheit braucht und diese auch genießt. Was ist es also, das mich trotzdem das Leben als Mönch so spannend finden lässt und mich immer wieder dazu bringt, mich auf diesen scheinbaren Gegensatz zu meiner Natur einzulassen, nämlich auf ein Leben, das von Ritualen und Disziplin gekennzeichnet ist?

Das Leben hier kennt viele gesetzte Abläufe. Dazu gehört nicht nur der fest gegliederte Tagesablauf, sondern auch die Regel, dass wir Mönche eigentlich schweigen sollen, also nur dann reden, wenn es notwendig ist und das in dafür festgelegten Bereichen und Räumen. Es gibt feste Regeln zu beinahe allem Tun: Wie ich einen der Gemeinschaftsräume betrete und verlasse, wann ich meinen Habit (Ordensgewand) zu tragen habe und wann nicht, usw.

Rituale und Routinen sind aber nicht nur für uns Mönche, sondern für die allermeisten Menschen selbstverständlich und gehören auch selbstverständlich zum Leben dazu. Und das hat nichts damit zu tun, ob jemand einer Religion oder Kirche angehört. Jeder hat seine Rituale. Wir kennen im Deutschen den Satz: »Der macht da ein Ritual draus.« Und meinen: Ein Mensch inszeniert eine bestimmte Situation, gibt ihr eine Bedeutung, zelebriert und genießt sie. Manchmal brauchen wir solche Inszenierungen, um mit dem Wesentlichen im Leben in Berührung zu kommen oder zu bleiben, um mit uns selbst in Berührung zu sein. Und um uns selbst verständlich zu machen – uns selbst und anderen.

Auch unsere Gottesdienste und Gebetszeiten in der Abtei sind in gewisser Weise eine Inszenierung. Nicht umsonst wird vom Gottesdienst als dem »heiligen Schauspiel« gesprochen. Sie folgen einer bestimmten Regie mit einem tiefen Sinn.

Aber auch wichtige Lebensabschnitte sind mit Ritualen verbunden: Geburt, Hochzeit, Beerdigung oder runde Geburtstage. Sie sind für religiöse, aber auch nichtreligiöse Menschen von Bedeutung, weil Rituale Lebensübergänge und neue Lebensabschnitte gestalten und das Leben insgesamt würdigen, bejahen und feiern. All dem gemeinsam mit Menschen, die für den Einzelnen wichtig sind, in deren Beziehungsgeflecht er eingebunden ist, einen Ausdruck zu geben und sie gemeinsam zu feiern, ist der Hintergrund dieser Rituale.

Von Beginn an gehörten Rituale zum menschlichen Leben. Lange vor der Entstehung des Christentums feierten unsere Vorfahren Rituale, die die Natur würdigten, weil ihnen bewusst war: Sie leben von der Natur und dem, was sie ihnen gibt, sie sind in ihren Kreislauf eingebunden.

Ich möchte in diesem Buch, ausgehend vom christlich-benediktinischen Kontext, den Vor- und Nachteilen von Ritualen und Routinen nachgehen. Und ich möchte dich, liebe Leserin, lieber Leser, ermutigen, alte Rituale neu zu entdecken, aber auch Altes zu verabschieden. Zudem habe ich mir einige praktische Übungen überlegt, die du in deinen eigenen Alltag als Ritual integrieren kannst, und auch einige Anregungen aufgeschrieben, damit du dich selbst auf die Suche machen kannst, eigene Rituale zu entwickeln, die zu deinem ganz eigenen Lebensentwurf passen.

Zunächst möchte ich einige Grundsätze in Bezug auf Rituale beleuchten, die so etwas wie der rote Faden sein können, der Hintergrund, auf dem diese Ideen stehen. Dann nehme ich dich mit auf einen Gang durch den (mönchischen) Tag. Die einzelnen Abschnitte des

Tages mögen helfen, deine eigene Lebenspraxis, deinen eigenen Alltag zu reflektieren und sich einmal zu fragen: Warum lebe ich so, wie ich lebe? Welche Rituale prägen mein Leben? Und sind diese Rituale und Routinen noch stimmig? Passen sie zu meinem Leben oder sind sie leer geworden, muss ich sie neu füllen?

Es braucht Mut, sich selbst auf diese Weise infrage zu stellen. Aber es kann auch ein Weg sein, sich selbst wieder verständlich zu werden – und noch einmal ganz neu bei sich anzukommen.

Das war schon immer so

Rituale gibt es schon, so lange es Menschen gibt. Sie scheinen einem tiefen menschlichen Bedürfnis zu entsprechen. Heute fühlen sich jedoch viele Menschen von Ritualen – gerade im Hinblick auf den christlich-kirchlichen Bezug – nicht mehr angesprochen. Sie verstehen die Sprache nicht mehr oder finden sich selbst und ihre Bedürfnisse darin nicht mehr wieder. Oft nehmen sie an Ritualen auch nur noch teil, weil es immer schon so war in der eigenen Familie. Sie kennen es nicht anders, wissen vielleicht auch nicht, wie sie wichtige Ereignisse sonst feiern und begehen sollen. Oder die ältere Generation besteht auf der Fortführung der Tradition. Wenn wir über heutige Rituale nachdenken, müssen wir also zunächst fragen, was überhaupt unter einem Ritual zu verstehen ist, warum sie erfunden wurden, was immer schon ihr tieferer Sinn ist und welchen Bezug es gibt zwischen Tradition und einem Ritual. Um diese Fragen soll es in diesem Kapitel gehen.

Halte-Stellen

Jeder kennt sie, die großen gelben Schilder, die in einer Stadt oder einem Dorf deutlich machen: Hier ist eine Bushaltestelle. Selbst Kinder wissen schon, dass sie hier abgeholt werden und dass der Bus sie an ihren Zielort bringt. Dorthin, wo sie gerne ankommen möchten. Bis zum Ziel ist mit dem Bus eine gewisse Strecke zurückzulegen. Aber man kann sich sicher sein: Hier, an diesem Punkt, hält der Bus, den ich jetzt brauche, um dorthin zu gelangen. Ich steige ein und lasse mich voller Vertrauen mitnehmen.

Rituale wollen genau solche Haltestellen in unserem Leben sein. Sie holen uns an dem Ort ab, wo wir stehen. Mit unserer Verfassung und inneren Stimmung. Sozusagen von jedem Punkt unseres Lebens aus können wir in das Ritual einsteigen. Gemeinsam ist allen Ritualen dabei das Ziel: bei sich selbst anzukommen.

Das spiegelt ein Bedürfnis, das viele Menschen heute haben: bei sich selbst anzukommen und in sich Ruhe zu finden. Trotz der vielen Anforderungen des Alltags, der Erwartungen, die sie selbst an sich und andere an sie stellen, trotz dem Stress, den die Arbeit verursacht. Nicht wenige fühlen sich hin- und hergerissen zwischen den ganz praktischen Dingen des Alltags und ihrem spirituellen Bedürfnis. Sie merken immer wieder, dass dabei letzteres zu kurz kommt, dass kaum Zeit bleibt zwischen alltäglichen Sorgen um Familie und Arbeit und den Pflichten, in die sie gestellt sind. Ich kenne eine junge Familie, die zwei kleine Kinder hat. Der Mann ist Kirchenmusiker. Seine Frau hat nach Schwangerschaft und Elternzeit die Ausbildung in ihrem Traumberuf wieder aufgenommen, der Schichtdienste beinhaltet. Auch am Wochenende. Gerade wenn sie am Wochenende Dienst hat und er in der Kirche sein muss, stellt sie das vor große Herausforderungen. Gut, dass es Großeltern gibt, die immer wieder mitsorgen und die Kinder gerne nehmen. Solche stressigen Arbeits- und Familienbedingungen führen dann dazu, dass viele das Gefühl haben: Ich bin gar nicht mehr bei mir selbst, ich stehe neben mir, ich funktioniere nur noch. Oder auch: Ich weiß gar nicht mehr, wer ich bin. Ganz abgesehen davon, dass niemand mehr nach ihren eigenen Bedürfnissen zu fragen scheint – nicht mal sie selbst. In dieser emotionalen Unsicherheit, in diesem irgendwie zu bewältigenden Wirrwarr des Alltäglichen ist es gut, vielleicht sogar emotional überlebensnotwendig, immer wieder bei sich anzukommen, in sich Halt und Stabilität zu finden. Damit das Chaos sich nicht auf einen selbst überträgt, man Distanz gewinnt zum täglichen Tun und wieder einen klaren Blick auf die Situation bekommt.

Ein solches »Zu-sich-selbst-Kommen« muss nicht unbedingt viel Zeit in Anspruch nehmen. Eine kurze Unterbrechung reicht häufig schon. Zwischen dem Aufstehen und dem Kinderwecken zum Beispiel. Nur mal kurz durchzuschnaufen, sich selbst spüren, aus seiner eigenen Mitte heraus Kraft holen, um dann weitergehen zu können. Ein solches (kurzes) Ruhen in der eigenen Mitte hilft, in eine Distanz zum Alltag zu kommen und zu entspannen. Manche nennen diese Mitte Gott oder das Göttliche. Wie auch immer man diese Mitte definiert und versteht: Es geht darum, mir selbst bewusst zu machen, dass ich Kraft habe, Lebenskraft. Oft ist der Weg zu dieser Kraft aber verschüttet, ein »Geröll« aus Alltagssorgen, Notwendigkeiten und Ansprüchen versperrt den Weg dorthin. In jedem Menschen gibt es den unbedingten Lebenswillen und die Sehnsucht, dass dieses Leben nicht nur aus Arbeit, Stress und Hektik besteht, dass er nicht nur von außen bestimmt wird, sondern selbstbestimmt aus der eigenen Kraft lebt, selbst entscheidet, welche Prioritäten er in seinem Leben setzen will. Dazu wollen Rituale helfen. Als Halte-Stellen erlauben sie uns, inne zu halten, anzuhalten, uns aus dem Alltag herauszunehmen und uns wieder auf den Weg zu unserem eigenen Ziel, zu unserem eigenen Selbst zu machen.

An Halte-Stellen folgen die Busse einem bestimmten Zeitplan, das heißt: Um mitgenommen zu werden, muss man zum Zeitpunkt der Abfahrt dort sein. So zeichnen sich Rituale zunächst dadurch aus, dass sie idealerweise immer zum gleichen Zeitpunkt beginnen. Dann sind sie gut in den Alltag integrierbar. Auch der Verlauf eines Rituals ist klar strukturiert und die Dauer ist festgelegt. Wie beim Bus, in den man steigt, ist völlig klar, wann man am Ziel ist und aussteigen muss – und wieder in den Alltag einsteigen.

Kreislauf

Jeder weiß, dass unser Blutkreislauf lebensnotwendig ist. Sind Arterien verkalkt, das Blut zu dick, das Herz zu schwach, zu viele Fette im Blut, dann beeinflusst dies das Wohlbefinden, die Gesundheit und auch die Lebenserwartung eines Menschen. Auch in der Natur gibt es den immer gleichen Kreislauf von Werden und Vergehen, der lebensnotwendig für alles Lebendige auf der Erde ist. Bei uns ist er verbunden mit den Jahreszeiten. Alles in der Natur keimt, wächst, blüht, wird reif und stirbt beziehungsweise vergeht. Auf das, was in der Natur im Lauf der Jahreszeiten wächst, ist der Mensch existenziell angewiesen. In früheren Zeiten war dieser Kreislauf wahrnehmbarer als heute. Heutzutage können wir das ganze Jahr über Früchte und Gemüse aus aller Welt genießen. Als die meisten Menschen noch von dem lebten, was ihnen in ihrer Umgebung die Natur schenkte, wussten viele noch um die Abhängigkeit von der Natur: vom Wetter, von der Fruchtbarkeit des Bodens, von den Pflanzen, die dort gedeihen konnten, von den Tieren, die man jagen oder halten konnte. Genau deshalb ist die Natur wohl einer der Ursprungsorte von Ritualen. Man verehrte und würdigte die Natur mit diesem Tun, weil man wusste: Der Mensch lebt von ihr und ihren Gaben. Daher war es auch notwendig beziehungsweise selbstverständlich, mit Tieren und Pflanzen ehrfürchtig umzugehen. Naturvölker haben bis heute dieses Bewusstsein bewahrt und nehmen von der Natur nur das, was sie lebensnotwendig brauchen und was sie ihnen schenkt. Für das, was sie nehmen, bedanken sie sich und ehren es – mit Ritualen.

Eines der bekanntesten Rituale aus dieser Zeit ist das Johannisfeuer. Dieses Feuer wird heute zu Ehren des heiligen Johannes des Täufers entzündet, dessen Geburtstag jährlich am 24. Juni in der Kirche gefeiert wird. Ursprünglich war dieses Fest ein Fest zur Sommersonnenwende um den 21. Juni. Dann steht die Sonne am Höchsten, die Tage sind die Längsten des Jahres und alles steht in Blüte und Reife. Geht man jetzt in die Natur, dann riecht es überall nach Frische, Leben und Fülle. Es war und ist das Fest des Dankes an die Natur für ihre Gaben.

Heute erleben die Naturreligionen eine Renaissance. Menschen wollen das Leben unverfälscht, unverstellt erfahren. In den Kirchen geht es vielen zu sehr um Dogmen, Regeln, Vorschriften, Macht und Eitelkeiten.

In den Kreislauf der Natur hat der Mensch sich von Anbeginn an mit seinem eigenen Leben eingefügt gesehen: Auch er wird geboren, wächst und reift, erlebt die Blüte seines Lebens und vergeht. Dann wird sein Leib oder seine Asche in die Erde gelegt, er wird zu Erde, aus der wiederum neues Leben entsteht. Aus diesem Bewusstsein heraus entstanden Rituale, die die Lebensabschnitte des Menschen feierten und bei denen Gott oder die Götter um Segen und Schutz gebeten wurden: am Beginn des Lebens, beim Übergang ins Erwachsenenalter und der damit verbundenen Übernahme von Verantwortung, bei der Verbindung mit einem anderen Menschen und schließlich beim Loslassen, beim Zurückgeben des Lebens an die Erde. Das Bewusstsein, zu einem großen Kreislauf zu gehören und damit Bestandteil eines großen Ganzen zu sein, schenkte und schenkt bis heute Sinn. Vielen ist es noch immer wichtig, an Lebensübergängen Rituale zu vollziehen, sich in ihnen wiederzufinden und auch den Segen und Schutz einer größeren Macht für diese Übergänge oder neuen Lebensphasen zu erfahren. Daher findet man diese Rituale auch beinahe in allen Religionen der Welt, weil sie eine Lebenshaltung, eine wesentliche Erfahrung des Menschen fassbar machen.

Gleichzeitig haben Menschen aber die Natur auch immer wieder als aggressiv und zerstörerisch erfahren. Bis heute wird menschliches Leben bedroht von Naturkatastrophen, Unwettern, Überschwemmungen, Waldbränden, Vulkanausbrüchen. Rituale waren daher auch schon immer ein Versuch, die wilden Kräfte zu besänftigen beziehungsweise Gott oder die Götter durch Opfer gnädig zu stimmen, damit solche Unglücke und Katastrophen nicht über die Menschen kommen.

Doch diese aggressiven und zerstörerischen Kräfte der Natur spiegelten auch schon immer etwas von der Natur des Menschen, er erkannte sich darin wieder, denn in ihm gibt es Kräfte, die wir als wild, unbezähmbar, angstmachend, zerstörerisch begreifen: Wut, Aggression, Zorn, Hass, Eifersucht. Im schlimmsten

Fall können auch diese zerstörerisch wirken. In dieser Hinsicht wollen Rituale dabei helfen, diese Kräfte handhabbarer zu machen, sie in gezielte Bahnen zu lenken, ohne dass sie zerstörerisch wirken. Im Letzten geht es darum, dass wir nicht »außer uns« geraten, beispielsweise vor Wut. In solchen Fällen kann ein Ritual eine Möglichkeit darstellen, zurück zu sich zu finden, sich wahrzunehmen, sich selbst Ansehen und Würdigung zu schenken. Und damit für sich zu sorgen.

So war die Natur seit Anbeginn der erste Ort, an dem Menschen begannen, Rituale zu vollziehen, um in sich zur Ruhe zu kommen und mit der lebendigen Kraft alles Lebendigen in Kontakt zu bleiben.

Rituale halten Leib und Seele zusammen

Wir kennen den Satz: »Essen hält Leib und Seele zusammen.« Gemeint ist damit, dass Leib und Seele zusammengehören, dass sie eine Einheit bilden. Leidet die Seele, haben wir auch keinen Appetit. Ist der Leib nicht gesund, sind wir auch seelisch nicht besonders guter Stimmung. Sind seelisch anstrengende Prozesse durchgearbeitet, wollen diese verdaut sein – im wahrsten Sinne des Wortes. Graf Dürckheim, der Begründer der Initiatischen Therapie, hat einmal gesagt, dass der Mensch nach intensiven seelischen Prozessen gut essen soll. Zum einen, weil der Prozess Energie verbraucht. Zum anderen hilft Essen und Trinken, nicht »abzuheben« und im Leib zu bleiben. Und so geerdet zu sein.

Manche seelischen Erfahrungen, vom Verliebtsein bis hin zu Gottesbegegnungen, versetzen uns in eine Hochstimmung. Wir sehen alles durch die rosarote Brille, schweben »auf Wolke sieben«. Solche Erfahrungen setzen zwar Energien frei und aktivieren neue Lebenslust. Aber es braucht auch den Augenblick, in dem wir dann wieder in die Realität, auf den Boden der Tatsachen zurückkehren. Der Leib kann dabei eine gute Möglichkeit sein, uns zu erden, zu spüren, dass wir eben eingebunden bleiben in den Kreislauf der Natur, nicht nur geistige Wesen sind, sondern auch leibliche Bedürfnisse haben. Teresa von Ávila meint dazu: »Tu deinem Leib Gutes, damit deine Seele Lust hat, darin zu wohnen.«

Die allermeisten Menschen fragen sich im Lauf ihres Lebens, wer sie eigentlich sind. Das bezieht sich einerseits auf unsere Ursprungsfamilien. Das Wissen darum hilft, zu begreifen: Ich bin zugehörig, kein Einzelwesen. Ich gehöre zu einer Familie, ich gehöre auf diese Erde. Ich werde mir dadurch selbst verständlicher: Weiß ich, wer mein Vater, meine Mutter waren, kann ich vielleicht leichter mit dem ein oder anderen meiner Wesenszüge leben.

Dennoch greift die Frage des Menschen »Wer bin ich eigentlich?« noch weiter. »Wer bin ich, unabhängig von meinem Einkommen, meiner Leistung? Was ist mein Auftrag auf dieser Erde? Warum bin ich hier? Woher komme ich? Wohin gehe ich? Ist mein Leben mehr als nur die paar Jahrzehnte auf diesem Planeten?« Es ist die Frage nach dem Sinn unseres Lebens.

Sie berührt das Eingespannt-Sein in den Kreislauf des Lebens und der Natur. Kann ich glauben, dass ich auf diese Erde, in den Kreislauf dieses Lebens gekommen bin, weil es einen Sinn dahinter gibt? Jeder muss auf diese Fragen seine ganz eigene Antwort finden. Und seinen ganz eigenen Weg zu ihr.

Manchmal begegnet man Menschen, die einem das Gefühl vermitteln: Der ist noch nicht bei sich angekommen. Da haben Leib und Seele noch nicht zusammengefunden. Da ist zum Beispiel jemand biologisch in der Mitte seines Lebens und wirkt seelisch wie ein Jugendlicher, nicht wie ein reifer, erwachsener Mensch. Andere haben ständig tolle Ideen – aber merken nicht, dass sie unrealistisch sind, nicht zu finanzieren, nicht umsetzbar. Wieder andere sind »aalglatt« – sie rutschen einem durch die Finger, sind nicht greifbar. Sie bleiben unverbindlich, werden nicht konkret, bleiben unnahbar.

In solchen Situationen können Rituale helfen, bewusst zu machen: Du bist willkommen. Willkommen auf dieser Erde, willkommen in diesem Leben – mit Leib und Seele. Das können »große« Rituale an den Lebensübergängen oder am Ende einiger intensiver Seminartage zur Selbsterfahrung sein. Das können aber auch kleine alltägliche Rituale sein, die uns mit Leib und Seele im Hier und Jetzt und ganz bei uns ankommen lassen. Es kann zum Beispiel die Tasse

Kaffee am Morgen sein – in Ruhe getrunken. Hier kann ich spüren, wie ich seelisch und körperlich wach werde und bewusst in den neuen Tag gehe, der mit seinen Aufgaben vor mir liegt. Es kann ein warmes Bad sein, das dem Körper wohltut und der Seele ein Gefühl der Geborgenheit gibt. Aber auch der Kuss des Partners am Morgen kann mich spüren lassen, dass ich bejaht bin. Solche Wahrnehmungsprozesse geschehen oft unbewusst. Rituale wirken immer auch aus sich selbst heraus. Ich muss nicht bei jeder Tasse Kaffee, bei jedem Kuss reflektieren, was mir das jetzt sagen will. Wir fühlen und denken eben auch mit unserem Körper und unserer Seele. Und diese verstehen oft intuitiv.

In diesem Sinne wollen Rituale »Erlaubnisgeber« sein. Sie erlauben mir: Ich lebe und darf leben und soll leben – mit Leib und Seele. In der Augustinerkirche in Würzburg begegnet jedem, der sie durch den Haupteingang betritt, folgender Satz: »Ich will, dass du bist.« Er geht auf Augustinus zurück, der ihn Gott in den Mund gelegt hat. Augustinus möchte aus seiner Sicht daran erinnern, dass Gott jeden Menschen ins Dasein gerufen hat. Gott sagt Ja zu jedem Menschen und will ihn ermutigen, sein Leben in die Hand zu nehmen.

Ich kann es aber auch anders formulieren und sagen: Es geht um das pure Sein. Um das Umfangen und Erfülltsein von einer Kraft, die Ja sagt. Sie heißt Leben, Gott oder trägt keinen Namen, weil sie für viele unbeschreibbar ist – unbeschreibbar stark, wenn man sie erfährt und spürt: Da gibt es etwas in mir, das größer ist als ich.

Bitte berühren!

Häufig findet man in Museen ein Schild mit der Aufschrift: »Bitte nicht berühren!« Das teure Kunstwerk soll nicht in Gefahr kommen, beschädigt oder zerstört zu werden. Eigentlich haben Museen den Auftrag, mit ihren Kunstwerken Menschen zu berühren, sie vielleicht sogar zu provozieren. Aber eben nicht im wörtlichen Sinn. In diesem Schild spiegelt sich für mich eine Haltung, die auf andere Lebensbereiche übertragen werden kann: Es geht darum, dass etwas bewahrt werden soll, nicht erlebt.

Manchmal sagen wir beim Eintritt in eine Wohnung, dass sie wie ein Museum wirkt, wie ein Relikt aus vergangenen Zeiten. Hier spürt man, dass der Bewohner selbst in der Zeit seiner Möbel und Einrichtung stehen geblieben ist. Er wirkt selbst etwas antiquiert. Die Lebendigkeit, die Emotionen scheinen ihm abhanden gekommen zu sein. Andere Menschen wirken museal, weil sie in ihrer Mimik und Körperhaltung erstarrt sind, sich stets unter Kontrolle halten, uns im schlimmsten Fall wie eine Marionette oder Puppe vorkommen.

Papst Johannes XXIII. hat einmal gesagt: »Wir sind nicht auf der Erde, um ein Museum zu hüten, sondern um einen Garten zu pflegen, der von blühendem Leben strotzt und für eine schönere Zukunft bestimmt ist.« Die Erde soll kein starrer Ort sein, sondern einer, an dem wir miteinander und jeder mit sich selbst in Berührung ist. Ganz bei uns ankommen können wir aber nur, wenn uns jemand dazu ermutigt, auch mit unseren Leidenschaften, Emotionen, unserer Intuition in Berührung zu kommen. Mit dem, was uns begeistert, motiviert, was uns spüren lässt: Dafür lohnt es sich zu leben, das ergibt Sinn für mich.

Wir sind es gewohnt, alles verstandesmäßig zu reflektieren und zu kontrollieren und was mit Gefühl und Leidenschaft, Emotion und Intuition zu tun hat, zu unterdrücken. Ich begegne immer wieder Menschen, die davon erzählen, dass sie sich wie gefesselt fühlen, in sich gefangen sind. Sie sind blockiert und leben noch nicht ihre ganze Kraft und Freiheit. Einer der Gründe dafür ist, dass sie die gesellschaftlichen Konventionen und Erwartungen als Fesseln empfinden. Und sich dann wie konserviert in diesen vorkommen, wie im Museum eben. Oder in den Erwartungen eingezwängt, in den Aufgaben und Rollen, die der Alltag ihnen abverlangt.

Ich erinnere mich an ein Seminar, an dem ich teilgenommen habe. Der Leiter sagte für mich ganz einleuchtend: »Wenn ein Mensch ein Tröster ist, muss er trösten; wenn er ein Musiker ist, muss er Musik machen, wenn er ein Gaukler ist, Freude verbreiten.« Er verdeutlichte damit, dass ein Mensch, der ständig an seinen Charismen und Begabungen vorbeilebt, ein unzufriedener Nörgler sein oder werden wird. Weil er unbewusst spürt, dass er nicht das lebt, was ihm gemäß wäre. Wer in sich das Charisma spürt, Musiker zu sein, und gleichzeitig weiß, dass er eben auf diesem Weg keine finanzielle Sicherheit bekommt, nicht den Erwartungen seiner Umgebung entspricht, wird trotzdem einen Weg finden müssen, die Musik zu leben und in sein Leben zu integrieren. Für ihn kann es ein tägliches Ritual sein, eine bestimmte Zeit lang Musik zu machen und sein Instrument zu spielen. Dann ist er in Verbindung mit seiner inneren Inspiration, ist bei sich selbst und berührt sich in seinem tiefen Inneren.

Ein anderer Grund, dass Menschen in sich gefangen sind, ist, dass sie keine Möglichkeit hatten, in Berührung mit sich selbst zu kommen. Ich habe mit einem Mann gesprochen, der noch minderjährig den elterlichen Betrieb übernehmen musste. Er hatte gar keine Zeit, seine erste Liebe zu leben, sich auszuprobieren und mit anderen Dimensionen seines Lebens als der nüchternen betriebswirtschaftlichen in Berührung zu kommen.

Biblisch gesehen ermutigt Jesus die Menschen, Blockaden aufzubrechen und frei zu leben. Als eines Tages ein Gelähmter auf einer Bahre zu ihm gebracht wird, sagt er zu ihm: »Steh auf, nimm dein Bett und geh nach Hause!« (Markus 2,11) Jesus will nicht, dass der Mensch in seinen Lähmungen und Blockaden steckenbleibt. Und vielleicht war es die deutliche und entschiedene

Ermutigung Jesu, dass der Mann die Kraft fand, aufzustehen und aus seinen Lähmungen auszubrechen.

In dem oben erwähnten Seminar sprach der Leiter auch von der Erotik des Lebens. Was nichts anderes meint, als dass wir immer wieder mit dem Besonderen des Lebens in Berührung kommen, mit den Dingen, die uns ein Kribbeln verursachen: im Bauch, auf der Haut, einfach spürbar im Leib. Das bedeutet auch, dass wir den Alltag eben nicht nur als schwer und alltäglich wahrnehmen, sondern dass wir uns immer wieder vom Leben anstecken lassen: im Frühling, wenn die ersten warmen Sonnenstrahlen scheinen, zieht es viele nach draußen, weil sie sich selbst fühlen wie die aufblühende Natur. Das Leben will eben kein verstaubtes Museum sein und schon gar nicht eines aus der Konserve.

Kürzlich habe ich einen Menschen erlebt, der knapp 80 Jahre alt war. Er hat in seinem Berufsleben eine eigene Firma gegründet, ist Weltmarktführer geworden. Nach einer schweren Erkrankung kämpfte er sich wieder zurück ins Leben. In die Abtei kam er zu dem Kurs »Malen wie Kinder«. Hier geht es nicht um das Erlernen von Maltechniken. Sondern ganz das Gegenteil: Ohne Regeln, ohne Beurteilung und Wertung durften die Teilnehmer malen. Der Kopf blockiert oft, wertet, beurteilt. Jetzt ging es darum, sich unverstellt über den Leib, die Hände auszudrücken; über das Fühlen, das Spüren. Und im Gemalten sich selbst zu erkennen, etwas von sich selbst zu verstehen – mit intuitiven Schichten in Berührung zu kommen und sich von ihnen berühren zu lassen. Der Mann durfte in dieser Woche eine neue kindliche Freude entdecken, eine Leichtigkeit und Gelassenheit, die er so in seinem Leben, das von Arbeit und Verantwortung gezeichnet war, selten erfahren hatte und die ihn ganz froh und gestärkt nach Hause zurückehren ließ.

Eine andere Teilnehmerin malte plötzlich ein »rotzfreches« Kind, aber mit einer Krone – eine kleine Königin. In ihrer Lebensmitte konnte diese Teilnehmerin nun auf einmal bejahen, dass sie auch dieses Freche in sich trägt und es auch leben will.

Ein solcher Kurs ist wie ein Ritual. Er nimmt aus dem Alltag heraus und hat immer die gleichen Abläufe, verfolgt ein bestimmtes Ziel. Die Abläufe, die »Halte-Stellen« sind erprobt und bewährt. Rituale wollen den Menschen mit sich in Berührung bringen, ihm erlauben, sich selbst zu berühren und mit seinem ganzen Menschsein in Kontakt zu sein.

Alle Jahre wieder

Denkt man an Rituale, geht es nicht nur um den Einzelnen, seine Auszeiten mitten im Alltag. Sie spielen auch in Familien, Gruppen und Gemeinschaften eine Rolle. Jede Familie hat wohl ihre festen Rituale – zum Beispiel an Weihnachten. Längst nicht mehr alle Menschen stellen für sich den christlichen Bezug zur Geburt Jesu Christi her. Für viele ist es heute einfach das Fest der Liebe, des Friedens und der Familie. Lange zuvor wird mit den Vorbereitungen begonnen. Und wenn das Fest dann vorbei ist, begegne ich jedes Jahr wieder Menschen, die sagen: »Jetzt ist das alles doch wieder so stressig geworden. Dabei hatte ich mir fest vorgenommen, dieses Jahr wirklich mal alles ruhiger angehen zu lassen und mit der Familie Ruhe zu finden.« Wenn schon der Rest des Jahres stressig ist, dann soll doch wenigstens an Weihnachten Ruhe und Frieden sein.

Für viele ist dieses Fest alle Jahre wieder mehr ein Stressfaktor als eine »Haltestelle« oder wenigstes Zwischenstopp, um aufzutanken und in den ruhigen, vielleicht sogar besinnlichen Stunden mit der Familie neue Kraft zu finden. Das gilt gerade für die, die sich aktiv um die Familie kümmern. Dabei will an alle gedacht sein. Manche brauchen einen richtigen »Weihnachtsplan«, damit an und um das Fest herum jede und alle in der Familie besucht werden und keiner sich vernachlässigt fühlt. Dann wird Wochen vorher überlegt, was es zu essen geben soll, wann der Einkauf erledigt werden muss, und am Ende ist man das ganze Fest über mit Vorbereiten, Kochen und mit der Betreuung der Gäste beschäftigt. Zusätzlichen Stress kann die Erwartung machen, dass es ein harmonisches, eben friedvolles Fest wird. »Hoffentlich fängt Opa Fritz nicht wieder damit an, dass sein Enkel Max immer noch nicht sein Studium zu Ende gebracht hat«, denken die einen. Andere wünschen sich, dass Tante und Onkel nicht wieder kritisieren, wenn ihre Nichte jetzt diese buddhistische

Zen-Meditation praktiziert, wo doch alle in der Familie bisher der katholischen Kirche treu geblieben sind und es ihnen auch nicht geschadet hat. Das ist doch schließlich Familientradition! Und wenigstens, so hoffen sie, soll die Nichte dann mit in die Christmette gehen. Oder dass jetzt der Enkel auf einmal meint, homosexuell zu sein und auch noch seinen Freund mit zum Kaffeetrinken bringt. Das hat's doch früher nicht gegeben! Eigentlich will jeder doch nur eine schöne ruhige, besinnliche Weihnachtsatmosphäre.

Wenn Stress und Hektik um sich greifen, sind fest eingespielte Abläufe und Rituale, die sich alle Jahre wiederholen, umso wichtiger. Wenn klar geregelt ist – wie bei vielen Familien der Fall –, welches Essen es an Heiligabend gibt, dann entlastet das die Vorbereitung. Bei uns in Franken gibt es in vielen Familien Kartoffelsalat mit Würstchen. Das macht nicht viel Arbeit, ist schnell zubereitet, lässt Zeit für die Familie und man muss nicht den ganzen Tag in der Küche stehen. Wenn zudem klar ist, welcher Ablauf an Weihnachten gilt, wer wann besucht wird oder zu Besuch kommt, dann braucht man keine Energie und Zeit aufzuwenden, um das jedes Jahr neu und anders zu organisieren. Und man weiß, wo und wann wirklich die gemeinsamen Zeiten sind und die gemeinsamen Rituale stattfinden, wo Oasen der Ruhe, des Miteinanders, der Familie und Harmonie zu finden sind, sei es das gemeinsame Kaffeetrinken, das Abendessen, die Bescherung oder der Gottesdienstbesuch.

Ich erinnere mich an meine Kindheit. Da hatte der Nachmittag des Heiligabend einen festgelegten Verlauf: Nach dem gemeinsamen Kaffee musizierten mein Bruder und ich und sangen Weihnachtslieder. Danach gab es die Bescherung. Es folgte das Abendessen und dann die Christmette. Bei der Musikauswahl war wichtig, dass auf alle Fälle »Alle Jahre wieder« gespielt und gesungen wurde. Für viele ist es bis heute so, dass ein Gottesdienst, eine Andacht an Weihnachten ohne »Zu Betlehem geboren« und »Stille Nacht, heilige Nacht« kein Weihnachten ist. Da kann man theologisch sicher argumentieren, dass »Stille Nacht« überhaupt nicht der Realität von Weihnachten entspricht und dass es ein spätromantisches Lied des Bürgertums ist. Aber das ist sinnlos. Dieses Lied berührt die Herzen und die Sehnsucht der Menschen nach einem friedlichen Zusammenleben. Nach einem Ankommen in der Ruhe und Geborgenheit der Familie. Letztlich besingt es die kleine und große Sehnsucht der Menschen und der Menschheit: in Frieden und Harmonie zusammenzuleben.

Genau darum geht es auch bei den Ritualen, die in einer Familie und auch für die Familie so wichtig sind, sei es an Weihnachten oder bei anderen Gelegenheiten. Man versichert sich mit ihrer Hilfe der eigenen Existenz – als Mitglied dieser Familie. Und macht sich bewusst: Man gehört einer Generationenfolge an. Das heißt: Diese Familie war vor mir da und wird nach mir sein. Das Ritual und dieses Stehen in einer Tradition geben mir das Gefühl, dass ich nicht allein auf der Welt bin. Darauf ist der Mensch von seinem Wesen her angelegt: Gemeinschaft zu erleben.

Wenn jedes Jahr an Weihnachten und bei anderen Ritualen alles so ist wie immer, wie alle Jahre, muss das kein Argument gegen den sich wiederholenden gleichen Ablauf sein. Ein Beispiel: Mein Vater hat eine große Familie, er ist auf einem Bauernhof aufgewachsen. Als meine Tante noch lebte, die gemeinsam mit ihrem Mann die große Familie begründet hat, gab es an Weihnachten immer ein Treffen aller Kinder und Enkel. Mittlerweile haben alle Enkel einen Partner, es gibt Urenkel und wenn auch meine Tante nicht mehr lebt, gibt es bis heute dieses Treffen. Weil es allen in der Familie wichtig ist. Mittlerweile findet es nicht mehr an Weihnachten statt, sondern im Advent – aber auf dem Bauernhof, auf dem eine Enkelin meiner Tante ein Restaurant eingerichtet hat. Wenn ich Zeit habe, nehme ich auch daran teil. Es gibt mir immer das Gefühl von Heimat und Zugehörigkeit. Auf diesem Bauernhof habe ich als Kind gespielt, bin mit Natur und Tieren in Kontakt gekommen. Der vertraute Geruch von frischem Heu löst heute noch Heimatgefühle in mir aus. Und auch wenn ich manche meiner Cousins und Großcousins nur einmal im Jahr sehe, weiß ich mich verbunden und ihnen zugehörig. Es bereichert mich, da ich selbst keine Kinder habe, zu sehen, dass diese Familie, zu der ich gehöre, auch in der nächsten und übernächsten Generation weiterwachsen wird. Und ich weiß: Wenn Not am Mann wäre und ich jemandes Hilfe bräuchte – jeder aus der Familie würde mir helfen. Viele meiner Cousins und Cousinen und auch deren Kinder ziehen nach dem Studium und der Ausbildung wieder in den Heimatort zurück, um nah bei den anderen zu sein. Sie entsprechen damit einem tief empfundenen Bedürfnis nach Zugehörigkeit und Identität. Sie wissen, wo sie hingehören, wo sie zu Hause sind – und kommen damit bei sich selbst an als Mitglied dieser einen Familie.

Das »Alle Jahre wieder« gilt aber nicht nur an Weihnachten und für Familien. Es gilt auch für Vereine und Gruppierungen unterschiedlichster Art und Prägung: für den Fußballverein, den Musik- und Gesangverein, den Heimatverein und die freiwillige Feuerwehr. Jeder feiert und gestaltet im Lauf eines Jahres die Rituale und Feste auf seine eigene, häufig sehr traditionelle Weise, und auch das ist ein Ausdruck von Zugehörigkeit.

Die Rituale in der Fußballwelt verbinden die Fans untereinander und mit ihrer Mannschaft. Dazu gehören die Gesänge im Stadion oder die Fan-Kleidung. Für manchen ist es festes Ritual, jeden Samstag die Fan-Kleidung anzuziehen und zum Spiel seiner Mannschaft zu fahren – egal, wie weit die Reise ist. Große Sportereignisse wie die Weltmeisterschaft bringen Menschen zusammen und verbinden. Man erlebt die Begeisterung, wenn unzählige Menschen auf den Fanmeilen miteinander feiern und sich in den Armen liegen, obwohl sie sich nicht kennen. Viele leiden und jubeln mit. So entsteht aus Fremden Gemeinschaft, man weiß sich zugehörig und integriert.

Rituale in Gemeinschaften, Familien, Vereinen und Gruppierungen bieten auch die Gelegenheit, gemeinsam Gefühle auszuleben, auszudrücken und unter Umständen so auch schwierige Ereignisse zu verarbeiten. Viele Menschen tun sich schwer, überhaupt Gefühle zuzulassen und zu zeigen. Ein gemeinsames Ritual ist daher eine gute Möglichkeit, dies zusammen mit anderen zu tun und sich eben dann nicht alleine zu fühlen. Fußball ist ein Beispiel. Ein anderes Beispiel sind Konzerte. Auch hier treffen sich Menschen, die sich bis dahin nicht kannten. Sie teilen die Begeisterung für diese Musikgruppe, zu dessen Konzert sie gefahren sind. Sie singen zusammen die Lieder mit, freuen sich gemeinsam, halten bei emotionalen Liedern die Feuerzeuge hoch und bei nachdenklichen Melodien bewegen sie sich eher still im Rhythmus des Liedes. Für viele ist ein solcher Besuch ihrer Stars so etwas wie ein Ritual, auf jeden Fall aber ein Erlebnis, das die Seele stärkt.

Ich denke aber auch an Rituale der Trauer. Ich erlebe das oft bei Familien, in die ich als Notfallseelsorger komme. Bei einem plötzlichen Todesfall ist es gut, wenn die Familie nach der ersten Aufregung in einem Ritual zur Ruhe kommen, durchatmen, weinen kann und weiß: Da ist ein Seelsorger, der diese Situation mitträgt. Ich selbst kann auf eingeübte Rituale und Gebete zurückgreifen, die sich bewährt haben und in solchen Momenten oft einen gewissen Halt bieten.

Besonders deutlich wird mir das, wenn bei uns im Kloster ein Mitbruder stirbt. Jahrhunderte alte Rituale eröffnen in der Gemeinschaft Räume, in denen Platz für Gefühle und Abschied ist. Ist ein Mitbruder gestorben, wird er – meistens noch am Abend des Sterbetages – in unseren Kapitelsaal gebracht und dort offen im Sarg aufgebahrt. Der Kapitelsaal ist der Raum, in dem dieser Mitbruder nach seinem Eintritt offiziell in die Gemeinschaft aufgenommen und mit dem Mönchsgewand bekleidet wurde. Hier nun wird er auch wieder aus der Gemeinschaft verabschiedet. Indem er noch einmal im offenen Sarg aufgebahrt in der Mitte der Gemeinschaft ist, können wir, wenn wir ihn noch einmal anschauen, wirklich begreifen, dass er gestorben ist.

Das Ritual der Verabschiedung beginnt mit einer längeren Stille. Daran schließt sich das gemeinsame Beten von Trauergesängen aus der Bibel an. Mit ihnen geben wir unserer Trauer einen gemeinsamen Ausdruck. In einer Prozession überführen wir den Toten dann in unsere Totenkapelle. Hier nun kann jeder Mönch noch einmal persönlich vor den Mitbruder treten und ihm einen letzten Segen geben, einen Dank sagen oder sich einfach in Stille vor ihm verneigen. Bis zum Tag der Beisetzung ist diese Kapelle geöffnet, und immer wieder kommen Mitbrüder hierher, um für den Verstorbenen zu beten und ihrer Trauer einen Raum zu geben. Am Tag der Beisetzung selbst gibt es eine Totenwache: Zwei Mitbrüder sind jeweils für eine Stunde in der Kapelle und bleiben beim Sarg bis zum Gottesdienst. Jetzt wird der Mitbruder ein letztes Mal in die Abteikirche gebracht – an den Ort, wo er ein Mönchsleben lang gebetet hat. Das Geleit zum Friedhof und die Beisetzung in seinem Grab schließen die Feier des Abschieds ab. Bis heute wird der Verstorbene so beigesetzt, dass sein Blick im Grab nach Osten geht. Die dort aufgehende Sonne ist Symbol für den auferstandenen Christus. An ihn hat der Mitbruder geglaubt und er wird ihn, so seine Hoffnung, auferwecken zum ewigen Leben.

Wie oben schon erwähnt, geben solche Rituale vielen Menschen Halt und das Gefühl, zu einer Gemeinschaft zu gehören. Werden die Abläufe über mehrere Jahre und vielleicht sogar über Generationen beibehalten, bildet sich eine Tradition heraus, die tatsächlich in ihren Abläufen immer gleich ist und von einem zum nächsten weitergegeben wird. Vor allem im Religiösen und in bestimmten Vereinen ist diese Traditionsbildung sehr ausgeprägt.

Tradition an sich ist nicht schlecht. Sie wird aber dann fragwürdig, wenn sie nur noch eine Form ist, eine Hülle, deren Inhalt niemanden mehr berührt, sondern die man nur vollzieht, weil es die vorangegangene Generation ebenso tat, ohne dass einer der Mitvollziehenden etwas über die Umstände der Entstehung und den ursprünglichen Sinn des Rituals, der Tradition weiß. Häufig empfinden wir eine Tradition dann als leer, wenn sie uns Menschen nicht mehr abholt in unserer Lebenssituation, wenn es nicht mehr die angemessene Form des Ausdrucks ist. Dann wird häufig der Ruf nach Reformen laut, nach Veränderung, nach Erneuerung; nach Klärung der Frage, worum es eigentlich in dem betreffenden Ritual geht.

Warum es wichtig ist, Ja und Amen zu sagen

Die Kirche bietet auch heute noch viele Rituale und Traditionen. Sei es der sonntägliche Gottesdienst, seien es Rituale zu Geburt, Hochzeit oder Tod. Gerade in diesen Übergangssituationen im Leben haben Menschen Sehnsucht nach Zuspruch, Segen, Schutz, nach Trost und Hoffnung. Und deshalb auch nach einem kirchlichen Ritual, in dem sie sich wiederfinden, in dem sie angesprochen und berührt werden.

Von diesem kirchlichen Hintergrund kennen wir das »Amen«. Als Schlusswort von Gebeten bekräftigt die Gemeinde damit das Gesagte, die Bitte oder den Segen noch einmal. Amen zu sagen meint eigentlich ein Ja zu sagen. Wörtlich übersetzt heißt es: »Ja, so sei es.« Daher kommt auch der Ausdruck: »Zu allem Ja und Amen sagen.« Wir meinen damit jemanden, der alles kritiklos und fraglos hinnimmt und bestätigt. Genau diesen Eindruck haben heute viele bei kirchlichen Ritualen: Das Ja und das Amen klingen lustlos, einfach daher gesagt, auswendig gelernt, weil es eben immer an diesen Stellen gesagt und vollzogen wird. Genau wie sonntägliche Gottesdienste generell auf viele lustlos wirken. Dabei sollte doch das Amen und das Ja aus vollem Herzen kommen und Ausdruck dessen sein, was die Kirchenbesucher im Herz spüren: ihren lebendigen Glauben, den sie gemeinsam feiern und begehen.

Jesus hatte genau das gleiche Anliegen. Er wollte das Leben der Menschen wieder mit dem, den er Gott und Vater nannte und an den er glaubte, in Berührung bringen. Er wollte zeigen, dass dieser Gott etwas mit dem Leben der Menschen zu tun hat. Mit ihren Sorgen, Ängsten, Fragen und Sehnsüchten. Dass dieser Gott Interesse am Menschen hat, dass es ihm um den Menschen geht und sein Leben.

Die religiöse Praxis erweckte zu seiner Zeit jedoch an vielen Stellen den Eindruck, dass es nur noch um Selbsterhalt des religiösen Machtsystems ging, das beanspruchte, Gott zu repräsentieren. Es gab einen gewaltigen »Reformstau«, würden wir heute sagen. Die eigentliche Botschaft des Glaubens war an vielen Stellen verschüttet und wurde den Menschen von den Priestern und den religiösen Lehrern nicht mehr oder auf eine Weise vermittelt, die sie nicht mehr erreichte, nichts mehr mit ihrem Alltag zu tun hatte.

Die Priester und Schriftgelehrten waren damals diejenigen, die sich vorbehalten hatten, die Gesetze Gottes und die heiligen Schriften auszulegen und somit zu bestimmen, wie ein Jude zu leben hatte. Dabei beriefen sie sich auf die Zehn Gebote, sozusagen das Grundgesetz des jüdischen Volkes. Nach den Regeln zur Heiligung des Namens Gottes und des Sabbats folgen solche, die das menschliche Zusammenleben betreffen und die wir alle schon einmal gehört haben: Vater und Mutter ehren, nicht töten, nicht die Ehe brechen, nicht stehlen, nicht lügen, nicht begehren des Nächsten Hab und Gut (vgl. Exodus 20,1–17).

In der Folge und Geschichte des Volkes Israel sind diese Zehn Gebote durch die Schriftgelehrten ausgelegt und verfeinert worden, weil es notwendig war, beispielsweise das Gebot zur Heiligung des Sabbat konkret zu regeln: Darf der Mensch am Sabbat gar keine Arbeit verrichten? Bis heute gibt es jüdische Gruppierungen, die am Sabbat weder einen Schritt gehen noch einen Lichtschalter betätigen. Diese Regelungen waren ursprünglich dazu da, Menschen ihr Leben zu erleichtern, sie auch zu beschützen, ihnen Zeiten des Ausruhens zu sichern, ihnen Rechte zuzusprechen, aber auch Pflichten. Im Lauf der Zeit wurden die Auslegungen aber so detailliert, dass viele die Gebote beziehungsweise deren Befolgung als Einengung, als Gefängnis empfanden, als etwas, das ihr Leben zu einem einzigen Ritual ohne Inhalt macht. Religion als Einengung, nicht mehr als Befreiung zum Leben und schon gar nicht als Rückenstärkung. Eher als ein Buckeln vor den religiösen Führern und Gesetzgebern. Hinterfragen war nicht erlaubt. Vielleicht auch deshalb, weil keiner mehr wusste, warum etwas so geregelt wurde, wie es geregelt war.

Wir kennen das auch heute. Wenn Dinge, Riten, Bräuche angefragt werden, heißt es oft: »Das war schon immer so« oder »Das macht man halt so«. Keiner weiß mehr, wie es wirklich gemeint war, welchen Hintergrund oder Sinn der Brauch, das Ritual einmal hatten.

Aber jeder soll sich daran halten. Nicht selten wird das, was »immer schon so war«, als Tradition definiert. »Das ist so bei uns Tradition« meint dann: »Das war schon immer so«. Als wirkliches Argument, um eine Tradition zu bewahren, kann das nicht gelten.

Jesus hielt sich nicht daran, Traditionen einfach fortzuführen. Er stellte Bestehendes radikal infrage. Und das wurde ihm zum Problem. Am bekanntesten ist wohl seine Kritik am Sabbat: »Der Sabbat ist für den Menschen da, nicht der Mensch für den Sabbat.« (Markus 2,27) Der Sabbat muss dem Menschen dienen und seinem Leben. Seiner Ruhe und Erholung. Deswegen heilt Jesus auch am Sabbat, obwohl das nach der Gesetzauslegung eigentlich verboten war – weil er Menschen wieder lebendig machen, Einschränkungen und Einengungen aufheben, den krummen, buckligen Rücken wieder gerade machen will – im wörtlichen und übertragenen Sinn (vgl. Lukas 13,10–17).

Den damaligen religiösen Lehrern dagegen wirft er vor, den Menschen, statt sie zu heilen, immer noch neue Lasten und Vorschriften aufzuerlegen, die sie nur noch gebeugter gehen lassen. Sie selbst aber wollen keinen Finger rühren, um diese Lasten zu tragen (vgl. Matthäus 23,4). Jesus ging es aber immer um den einzelnen Menschen, darum, ihn in seinen Schwierigkeiten wahrzunehmen und ihm konkret Abhilfe zu schaffen. Damit versuchte er, den religiösen Regeln und Ritualen wieder ihren ursprünglichen Sinn zurückzugeben, nämlich den Menschen eine echte Lebenshilfe zu sein.

Das Ritual, das Jesus immer wieder gepflegt und vollzogen hat, ist das Mahl. Mahl halten, miteinander essen und trinken, ist bis heute eines der Rituale, etwas, das Gemeinschaft stiftet und einfach Leben im Genießen von Essen und Trinken erfahren lässt. Jesus lädt dabei als der Sohn Gottes gerade die zu seiner Tischgemeinschaft ein, die als ausgestoßen, am Rand der Gesellschaft stehend gelten. So zum Beispiel Zachäus, der als Zöllner im Ruf stand, von den Menschen zu viel Geld zu verlangen, und deshalb sehr unbeliebt und ausgegrenzt war (vgl. Lukas 19,1–10). Damit macht er dieses Mahl immer auch zum Ritual der Wiedereingliederung: Der Ausgestoßene gehört jetzt wieder dazu. Er erfährt Bejahung, göttliche Bejahung. Die Rückenstärkung Gottes, der sagt: Ich will, dass du bist und dass du lebst.

Bei seinem letzten Mahl hat Jesus Essen und Trinken symbolisch mit seinem Tod und seiner Auferstehung verbunden. Vom Brot sagt er: »Das ist mein Leib, der für euch hingegeben wird.« Vom Wein: »Das ist mein Blut, das für euch und für alle vergossen wird zur Vergebung der Sünden.« In Aramäisch – der Sprache Jesu – meint das: »Das bin ich – mit all meiner Liebe zu euch und eurem Leben.« Jesus hat seinen Freunden aufgetragen, dieses Mahl immer wieder zu feiern. Zur Erinnerung an ihn, an seinen Tod und seine Auferstehung. Zur Erinnerung daran, dass der Lebenswille Gottes stärker ist als der Tod. Daraus hat sich das Ritual des Mahles, der Eucharistie oder des Abendmahles, in der Kirche entwickelt.

Wenn Menschen heute kirchliche Rituale wahrnehmen, zum Beispiel bei der Taufe, der Konfirmation beziehungsweise Firmung oder der Hochzeit, dann sind sie auf der Suche nach einem Segen für ihr Leben beziehungsweise diesen neuen Lebensabschnitt. Sie erhoffen sich eine Ermutigung zu ihrem Leben in Form einer Stärkung durch den, den Christen Gott nennen. Manche sprechen eher von einer höheren Macht oder allgemein von »dem Göttlichen«. Sie spüren, dass es etwas gibt, das über sie selbst hinausgeht, haben aber keinen Namen dafür. Häufig würden sie sich selbst auch nicht mehr als gläubig bezeichnen, aber in den kirchlichen Ritualen finden sie noch immer etwas, das ihre Sehnsucht nach einem »Mehr« in ihrem Leben zum Ausdruck bringt.

Vielleicht wünschen sich viele auch deshalb bei Taufen und Hochzeiten, Individuelles einbringen zu können – und wenn es ein modernes Liebeslied ist, das nicht in den kirchlichen Gesangbüchern steht, aber genau das ausdrückt, was sie mit diesem Ritual meinen. Sie suchen sich häufig auch den Priester aus, der ihnen entspricht und der ihre besondere Feier so gestaltet, dass sie das Leben der Menschen berührt und nicht ein bloßes Vollziehen des Rituals ist.

Häufig wählen aber gerade deshalb heute immer mehr Menschen »weltliche« Alternativen an den Übergängen des Lebens, weil sie den Eindruck haben, dass Kirche am Leben der Menschen vorbeigeht. Sei es in ihrer Sprache, die oft theologisch und daher für viele einfach unverständlich ist, sei es in ihren Ritualen, die viele als überholt und leer empfinden. Eigentlich – so der Benediktiner Martin Wehrlen in seinem Buch »Zu spät« – hat die Kirche eine großartige Botschaft zu verkünden: Das »Leben in Fülle«. Das – so Wehrlen – wollen alle. Aber »die meisten erwarten nicht, dass die Kirche ihnen dabei eine Hilfe sein kann«. Daher plädiert er entschieden dafür, in der Kirche unter der Asche wieder die Glut zu entdecken (vgl. Wehrlen, S. 42). Die Glut ist für ihn das Ursprüngliche, die Botschaft Jesu, die Lebensermutigung und -bejahung. Im Laufe der Jahrhunderte aber ist diese ursprüngliche und lebendige Botschaft Jesu zugeschüttet worden. Ähnlich wie zur Zeit Jesu hat man immer weitere Regeln und Traditionen hinzugefügt, an die sich die Gläubigen zu halten haben. In diesem engen Korsett der Tradition können heute viele nicht mehr atmen beziehungsweise die Freiheit spüren, die eigentlich in der Botschaft Jesu steckt. Wenn man so möchte, sind auch die Rituale diesen Regeln zum Opfer gefallen.

Um ein Beispiel zu nennen: Wen interessiert in der katholischen Kirche die Diskussion darüber, wer unter welchen Umständen am Ritual des Abendmahles teilnehmen darf? Als die Bischöfe sich im Frühjahr 2018 über diese Frage stritten, vermittelten sie den Eindruck, dass es ihnen rein um das Prinzip und ihren Selbsterhalt ging. Die Menschen, um die es bei dieser Debatte ging – wiederverheiratet Geschiedene und evangelische Ehepartner –, und für die das Abendmahl als Ritual wichtig ist, treffen längst schon ihre eigene Gewissensentscheidung und wollen darin ernst genommen werden. Für die, die davon nicht betroffen sind, macht sich Kirche mit einer solchen Diskussion nur noch unglaubwürdiger, weil sie sich in ihrer Ansicht bestätigt fühlen, dass Kirche über Themen spricht, die das eigene Leben nicht mehr betreffen oder an der Praxis im Alltag völlig vorbeigehen. Dabei ist das »Verrückte«, dass Kirche eigentlich eine Antwort auf die Sehnsucht der Menschen hat! Ein Medienfachmann hat einmal bezogen auf die Kirche gesagt: »Euer Markenkern ist gut, aber die Verpackung stimmt nicht.«

Der rote Faden

Das benediktinische Mönchtum lebt sehr stark aus und mit Ritualen. Es orientiert sich an der Regel Benedikts, die dieser im 5. Jahrhundert verfasst hat. Nach ihr unterliegt das tägliche Leben des Mönches vielen Regeln und Ritualen: Die Gestalt und Häufigkeit des Gebets, der Vollzug der Arbeit, das Einnehmen der Mahlzeiten, die Begegnung der Mönche untereinander.

Als ich mich zum ersten Mal näher mit der Regel befasste, hat es mich positiv überrascht, dass ich in der Einleitung folgende Frage las: »Wer ist der Mensch, der das Leben liebt?« Wenn man diese Frage mit »Ich« beantwortet, so Benedikt, dann solle man ins Kloster kommen. Der Mönch ist also ein Liebhaber des Lebens. Alle Rituale und Regeln, die Benedikt aufschreibt, müssen demnach das Leben und die Lebendigkeit des Menschen fördern, müssen für den Mönch da sein und nicht der Mönch für die Regeln.

Als ich die ersten Mönche kennenlernte und ich selbst noch keiner war, hat es mich daher fasziniert und beeindruckt, wie lebendig, froh und voller Lebensenergie sie waren. Das zeigte mir: Ihr Leben als Mönch, für das sie sich entschieden hatten, ihre Form, Glauben zu leben, bringt sie zutiefst in Berührung mit

Gott und sich selbst, sonst wären sie nicht so lebendig und froh. Mich hat das so beeindruckt, dass ich selbst Mönch geworden bin.

Im Folgenden möchte ich anhand einiger Aspekte, die sich an der Benediktsregel orientieren, den roten Faden aufzeigen, der mein Leben als Mönch durchzieht, der mir mein Leben mit seinen Ritualen und Regeln so wertvoll macht.

Die Seele weiß

Ich hätte mir weder als Jugendlicher noch als Student vorstellen können, Mönch zu werden. Zumindest kein Benediktiner. Über den Franziskanerorden hatte ich einmal nachgedacht. Das schien mir ein Leben zu sein, das viel Freiheit lässt, in dem es nicht so stark um Regeln geht. Als ich während meiner Studienzeit in Münsterschwarzach zu Besuch war, dachte ich: Wenn ich in einen Orden eintrete, dann nicht hier in Münsterschwarzach. Das Gelände, die Abteikirche, die Gemeinschaft – alles war damals zu groß und mächtig für mich.

Jahre später lebte ich doch einige Wochen in Münsterschwarzach mit – und da war auf einmal eine Ahnung, ein Satz in meiner Seele: Der Mönchsweg ist die Fortsetzung meines Pilgerweges. Zum Hintergrund: 1999/2000 bin ich nach Santiago de Compostela gelaufen. Und ich habe auf dieser Pilgerreise innere Weite, Gelassenheit und Gottvertrauen geschenkt bekommen, wie ich sie bis dahin nicht kannte. Als ich dann in den Orden eingetreten bin, wusste ich noch nicht, dass all diese Dinge genauso in der Regel Benedikts zu finden sind: Das weite Herz ist das Ziel des Mönches. Nichts anderes wollen die benediktinischen Rituale: das Herz weiten für die Größe des Lebens, für die Wunder der Schöpfung und der Gegenwart Gottes. Gelassenheit meint, dass ich mich dem Leben überlasse und anvertraue. Es gibt keinen Tag ohne Überraschungen, gute wie schlechte, kleine und große. All dem, was ungeahnt auf mich zukommt, kann ich mich überlassen und anvertrauen. Und in diesem Vertrauen spüre ich: Genau so ist es gut – besser und anders hätte sich mein Leben gar nicht entwickeln können. Nichts anderes als das ist in all den Jahren gewachsen.

So weiß ich heute: Irgendetwas in mir, meiner Seele konnte bei meinem Eintritt überblicken, warum dieser Weg so wichtig und richtig ist, auch wenn der Freiheitsdenker in mir manchmal rebellierte und auch noch rebelliert. Aber für das Wachsen in die Tiefe, das Wachsen in den göttlichen Grund hinein, war alles genau richtig. Ich bin zudem überzeugt: Meine Seele wusste, dass die Regeln, die hier gelebt werden, richtig für mich sind, auch wenn ich mir sie so vielleicht niemals ausgesucht hätte für mein Leben. Wenn Rituale mich also ansprechen, mich anziehen, muss ich nicht unbedingt genau wissen und analysieren, warum das so ist. Ich darf darauf vertrauen: Meine Seele weiß es! Dann kann ich aber auch auf die Rituale, die in meiner Seele eine Resonanz auslösen, etwas in mir berühren, im besten Fall etwas in Bewegung bringen, vertrauen, und deshalb muss ich sie nicht infrage stellen, sondern kann sie getrost und vertrauensvoll vollziehen.

Das gilt aber nicht nur für das Leben im Kloster. Schau einmal in deinen Lebenslauf und überlege: Welche Entscheidungen empfindest du heute als »Entscheidung der Seele«, die mehr wusste als du selbst? Wo hast du einfach vertraut? Und welche der (täglichen) Vollzüge in deinem Leben erlebst du als gut und stärkend, ohne dass du so ganz genau weißt, warum das eigentlich so ist?

Vertrauen zu haben meint vielleicht in mancher Hinsicht auch, das Leben »einfach machen« zu lassen, sich einzulassen, sich mutig dem zu überlassen, was kommen will.

Ohren auf!

Vertrauen braucht es auch beim Hören. Damit beginnt Benedikt seine Regel: »Höre, mein Sohn, auf die Weisung des Meisters und erfülle sie durch die Tat.« Für Benedikt ist immer entscheidend, was Gottes Wille ist. Nie darf der sogenannte Eigenwille ausschlaggebend sein, also das, was wir heute mit Ego beschreiben. Was Gottes Wille ist, zeigt sich zum einen in der Bibel, zum anderen aber auch im Tun des Abts. Der Abt, der Leiter des Klosters, ist nach Auffassung Benedikts derjenige im Kloster, der die Stelle Christi vertritt. Ihm ist daher Gehorsam zu leisten, als ob der Mönch Christus selbst gehorchte. Aber auch ein Abt unterliegt der Gefahr, seinem Ego mehr zu gehorchen als dem Willen Gottes. Auch er muss gut hinhören, welche Gedanken ihm von seinem Ego eingegeben werden und welche von Gott. Nicht jedes Wort, nicht jeder Gedanke ist unmittelbar von Christus.

Natürlich geloben wir Mönche auch heute noch den Gehorsam. Aber er wird vielleicht ein bisschen anders verstanden als zur Zeit Benedikts. Heute ist genauso wichtig, dass wir als Mönche nach innen hören, nach dem lauschen, wohin unsere Seele uns zieht. In diesem Lauschen versucht der Abt uns zu unterstützen. Im äußersten Fall mag es vorkommen, dass er, ähnlich wie unsere Seele, mehr weiß, als wir selbst. Dann überlassen wir uns seiner Entscheidung. Aber meistens reicht es, in sich selbst hineinzuhören, um in der eigenen Seele, im Leib, im Geist Gottes Stimme zu hören. Letztlich bedeutet das Hören auf Gottes Stimme in mir, meine Bedürfnisse wahrzunehmen: Wohin zieht es meine Seele? Was braucht mein Leib? Welche Aufmerksamkeit braucht mein Geist? Und wie kann ich diesen Bedürfnissen gerecht werden?

Auch das ist ein Punkt, der so nicht nur für die Menschen im Kloster gilt. Vielen fällt es heute schwer, zunächst einmal die eigene Stimme wahrzunehmen, die Stille zuzulassen, um auf das zu lauschen, was in ihnen aufsteigt. Das könnte ein erster Einstieg sein, um den eigenen Bedürfnissen auf die Spur zu kommen: Statt den vielen Stimmen zuzuhören, die im Lauf eines Tages um einen herum laut werden – ob Nachrichtensprecher, Mitbewohner, Arbeitskolleginnen oder die Meinungen in den sozialen Netzwerken –, einmal auf die eigene Stimme im Inneren zu hören, die einem oft ziemlich deutlich und klar sagt, was man eigentlich will.

Immer besonders

Wir Benediktiner haben das Ritual, dass beim Essen geschwiegen und eine Tischlesung vorgetragen wird. Weil zur Ausbildung des Mönches das intensive Studieren der Regel Benedikts gehört und damit sie sich auch im Wortlaut einprägt, beginnt diese Tischlesung beim Abendessen immer mit einem Abschnitt aus der Regel. Diese sind für jeden Tag des Jahres festgelegt. Und im Lauf der Jahre werden bestimmte Verse und Gedanken daraus einem besonders wertvoll.

Für mich ist einer dieser wertvollen Sätze der, in dem Benedikt über den Cellerar spricht. Der Cellerar ist im Kloster heute der Verwaltungsleiter und für die Finanzen verantwortlich. Benedikt meint in seiner Regel: »Alle Geräte und den ganzen Besitz des Klosters betrachte er als heiliges Altargerät« (Regula Benedicti 31,10). Unter Altargerät versteht Benedikt die Gegenstände, die auf dem Altar bei der Feier der Messe verwendet werden. Das sind Kelch und Schale, der Kelch mit Wein und die Schale mit Brot. Da die Handlung mit diesen Gegenständen heilig ist, sind auch die Geräte selbst als heilig und mit besonderer Aufmerksamkeit zu behandeln. In der Messe geschieht Verwandlung: Brot und Wein werden vom Priester Gott hingehalten und er wandelt, verwandelt sie in Leib und Blut Christi.

Wandlung und Verwandlung sind etwas anderes als Veränderung. Veränderung ist ein Streben, oft ein angestrengtes Tun des Menschen, bei dem er willentlich und aus eigener Kraft etwas angeht. Wandlung dagegen geschieht, Wandlung lässt der Mensch an sich geschehen. Und so, wie sich Brot und Wein wandeln, wandelt sich auch der Blick des Menschen auf seine ganz normale Alltagswirklichkeit.

Mir ist ganz wertvoll geworden, was ein Mitbruder einmal sagte, als wir darüber diskutierten, ob wir täglich eine Eucharistiefeier brauchen. Er meinte, er möchte nicht auf dieses Geheimnis der täglichen Verwandlung verzichten. Mit Brot und Wein bringen wir alle uns selbst zum Altar, damit auch wir gewandelt werden: unsere Sorgen in Hoffnung, unsere Angst in Freude, unsere Krankheit in Heilung – kurzum in einen neuen Blick auf den Alltag und die Wirklichkeit. Deshalb soll alles Gerät auch achtsam behandelt werden: weil in allem und allen Gott gegenwärtig ist. Damit ist jeder Augenblick geheiligt, jeder Atemzug. Alles ist davon erfüllt. Welches Geschenk aber sind dann das Leben und jeder neue Tag! Wie wertvoll ist es, sich dies immer wieder – täglich – bewusst zu machen!

Rituale betonen genau das: das Besondere im Alltäglichen. Und sie helfen uns, das Besondere im Alltag (wieder) zu entdecken, erinnern uns mitten im Alltag daran, verordnen uns sozusagen ein Innehalten im täglichen Tun, um uns dies wieder ins Bewusstsein zu rufen. Eine solche Unterbrechung sind daher die Gebetszeiten, wie wir sie über den Tag verteilt vollziehen. Rituale schärfen in mir das Bewusstsein dafür.

Seit einigen Jahren gibt es in Deutschland eine Marke, die Pflegeprodukte anbietet und den Namen »Rituals« trägt. Sie wirbt damit, dass mit ihren Produkten Baden, Duschen, Körperpflege zum »Ritual« wird – zu einem kleinen Fest. Man könnte daran anschließend sagen: Nimm im Ritual bewusst ein Bad im puren Leben – im puren Dasein. Jeder Moment ist heilig und kostbar. Weil auch jeder Moment der letzte sein kann. Mit einem solchen neuen, verwandelten Blick kann jeder alltägliche Augenblick wertvoll werden: die Zeit, in der ich Alltägliches verrichte, meiner Arbeit nachgehe, meiner Familie und Freunden Zeit widme.

Wer O sagt, muss auch L sagen

Den Satz »Ora et labora«, »bete und arbeite«, sagt man uns Benediktinern als Leitsatz nach, obwohl er so von Benedikt niemals aufgeschrieben worden ist und auch nicht in seiner Regel zu finden ist. Aber er trifft den Kern unseres Lebens. Beten und Arbeiten sind die beiden Hauptpfeiler unserer Gemeinschaft. Unser Alltag, unsere Arbeit wird immer wieder vom Gebet durchbrochen beziehungsweise die Arbeit davon unterbrochen. Das regelmäßige Gebet bringt den Mönch zurück in das Bewusstsein der Gegenwart Gottes – und konzentriert damit auf das Wesentliche, auf das Sein und das Vor-Gott-Sein. Das bedeutet aber auch, dass dieses Dasein allein reicht. Ich muss nichts leisten, um hier sein zu »dürfen«, und es gehört vor allem beides zum Ganzen, zum Ganzsein im Leben dazu: das Beten – die Muße, das pure Dasein, die Unterbrechung, die Pause – und das Arbeiten. Nur im Gleichgewicht dieser beiden kann auch der Mönch im Gleichgewicht sein. Das beugt einem Leistungsdenken vor, das heißt, keiner soll sich bei uns Mönchen über seine Arbeit definieren. Aber er soll das Gebet in die Arbeit fließen lassen. Oder anders: Die Arbeit soll auch im Bewusstsein der Gegenwart Gottes getan werden: Das Handwerk als Ritual.

Bis auf den heutigen Tag wird das Handwerk in den Abteien und Klöstern sehr hoch geschätzt, selbst wenn immer weniger Mönche ein Handwerk ausüben. Wenn aber beispielsweise ein Schreiner in der Klosterschreinerei das, was er gerade anfertigt, »durchbetet«, dann hat es am Ende einen ganz anderen Geist als ein Teil aus einer Massenproduktion. »Durchbetet« meint, dass der Handwerker sich seiner handwerklichen Fähigkeiten als Geschenk Gottes bewusst ist. Indem er etwas Kreatives oder auch Nützliches schafft, tut er dies zur Ehre Gottes. Benedikt sagt dazu in seiner Regel: »... damit in allem Gott verherrlicht werde« (RB 57,9). Damit ist das Arbeiten in erster Linie nicht nur ein

Ableisten und ein Abarbeiten einer To-do-Liste, sondern ein kreatives Tun und Umsetzen der Begabungen und Talente, die man hat. Und das gilt für jede Arbeit, die im Kloster getan wird, sei es im Handwerk, in der Verwaltung, im Gästehaus, in der Küche. Es ist nicht selbstverständlich, dass ich jeden Tag etwas »schaffen« kann, dass ich jeden Tag aufwache und gesund bin, dass mir die richtigen Ideen zur Umsetzung eines Projektes kommen. Ich kenne einen Mitbruder, der seine Arbeit, sein Handwerk nicht nur im beschriebenen Sinn als Gebet verstanden hat, sondern während der Arbeit betete. So haben es die Handwerkermönche früher alle getan. Sie konnten die Psalmen auswendig und haben diese, während sie die eingespielten Handgriffe vollzogen, rezitiert, wenn auch nur leise oder stumm. In dieses Gebet hinein nahmen sie auch die Menschen, für die sie arbeiteten, und verstanden so ihr ganzes handwerklich betendes Tun, ihre Arbeit, als ein Ritual – zur Ehre Gottes und zur Freude der Menschen. Der Apostel Paulus schreibt in einem wunderbaren Satz, dass er Diener der Freude der Menschen, nicht Herr ihres Glaubens sein will (vgl. 1 Korinther 1,24).

Arbeit ist für den Mönch damit in erster Linie nicht etwas, das getan werden muss, um Geld beziehungsweise den eigenen Lebensunterhalt zu verdienen, sondern eine Tätigkeit, die Freude machen will. Anderen und sich selbst auch. Dann aber ist sie nicht so sehr eine Last, die einen Menschen auslaugt oder »ausbrennt«, sondern im Gegenteil eine Kraft, die den »Akku auflädt« und Energie schenkt.

Doch auch uns Mönchen passiert es, dass wir in Hektik verfallen, in Arbeitsstress geraten, uns zu viel Arbeit vornehmen. Dann geht dabei auch die Freude an der Arbeit verloren. Wir fallen aus unserer Mitte. Daher ist es wichtig, dass wir unsere Rituale pflegen, die Zeiten des Gebets, die unseren Alltag und den Arbeitsstress unterbrechen und uns immer wieder zu uns selbst und zu unserem Sein vor Gott zurückkehren lassen.

Das ist eine Haltung, die auch für Menschen hilfreich und heilsam sein kann, die nicht im Kloster leben. Die Unterbrechung, das Innehalten bringt uns wieder zurück zu unserer eigenen Mitte, selbst im größten Arbeitsstress, selbst dann, wenn wir vermeintlich keine Zeit haben. Eine Unterbrechung hilft, wieder neu Prioritäten zu setzen, Dinge noch einmal aus einer anderen Perspektive zu sehen und Lösungen die Möglichkeit zu geben, sich uns zu zeigen.

Der Rhythmus macht die Musik

Der uns in den Mund gelegte Leitsatz »ora et labora« hat seinen Grund mit Sicherheit auch darin, dass unser alltägliches Leben fest gegliedert ist – eben in Zeiten des Gebets (»ora«) und in Zeiten der Arbeit (»labora«). Jede Abtei, jedes Kloster hat seinen Tagesrhythmus, seine Zeiten. Wenn wie bei uns viele Mönche zusammenleben, ist diese Ordnung immer auch ein Kompromiss, ein Versuch, allen gerecht zu werden. Natürlich würden die einen gerne länger schlafen und die anderen früher aufstehen (wir beginnen unseren Tag um fünf Uhr mit dem ersten Gebet, um halb fünf ist offizielles Wecken). In den vielen Jahren meines Hierseins habe ich aber für mich die Erfahrung gemacht, wie gut es tut, in dem täglichen Rhythmus zu bleiben. Für mich war es ein Aha-Erlebnis, als ich merkte, dass ich, wenn ich einmal ausschlafen konnte am Ausschlaftag, den es ab und zu in meinem Noviziat gab, tagsüber meistens müder war als wenn ich im Rhythmus blieb, auch wenn ich später ins Bett kam. Ich werde immer wieder gefragt, ob es mir nicht schwerfalle, so früh morgens aufzustehen. Im Sommer fällt es mir leichter als im Winter. Aber an einem bestimmten Punkt habe ich einfach Ja gesagt zu diesem Leben in dieser Gemeinschaft, weil ich spürte, dass das eine Ordnung ist, die mir auf Dauer gesehen guttut, selbst wenn sie mich immer wieder herausfordert. Sie formt mich auch: Die äußere Form als Wechselspiel von Gebet und Arbeit formt meine Seele, meine innere Gestalt. Ein ganz wichtiger Satz unter uns Mönchen lautet: »Halte du die Regel und die Regel hält dich.« Dahinter steht die Erfahrung einer Wechselwirkung zwischen innen und außen.

Überleg doch einmal, welche Elemente im Ablauf eines Tages sich bei dir wiederholen – sozusagen zu deiner Lebensregel und damit zu deinem Alltag gehören. Das kann zum Beispiel der Sport sein, der Spaziergang mit dem Hund, das Aufräumen in der Wohnung oder die kurze Pause nach der Arbeit. Und nimm beim Vollzug dieser Rituale wahr, dass sie dir guttun, dass sie dich klären, dir auch inneren Halt geben und dich neu ausrichten.

Jetzt mal ordentlich!

Die Regel Benedikts leitet an zu einem sehr gleichmäßigen Leben im Rhythmus von Gebet und Arbeit. Manchmal ist ein so gleichmäßiger Rhythmus eine Herausforderung. Nicht jeden Morgen und nicht jedes Mal, wenn die Glocke zum Gebet ertönt, geht der Mönch mit Lust und Freude zum Gebet. Manchmal ist es reine Pflichterfüllung, ein Durchtragen einer einmal versprochenen Lebensordnung. Aber eine solche Ordnung gibt Stabilität, ordnet die Seele. Wenn ich mehrere Male am Tag zum Gebet gehe, mich Gott so, wie ich gerade bin, hinhalte, dann wird dies zu einer beständigen, festen Verankerung in mir, zu einem ständigen Wissen meiner Seele, woran sie sich festmachen und halten kann. Gott ist mein Anker, er ist meine Kraftquelle, er ist da und trägt mich.

Wache ich morgens etwas verstimmt und lustlos auf – weil ich zu wenig geschlafen oder schlecht geträumt habe oder der vorhergehende Tag mir noch nachgeht –, so kann das Morgengebet, das ich bete, weil ich es jeden Morgen so tue, meine Stimmung aufhellen und sich positiv auf mich auswirken. Es ordnet mich, weil ich mich zentriere. Es verleiht mir den Blick auf das Wesentliche.

Nicht um meine Verstimmung, meinen wenigen Schlaf, meine depressive Verstimmung dreht sich dieser neue Tag, sondern um das oder den, der mein innerer Anker ist, den ich Gott nenne, der mir Halt gibt in allen Unwägbarkeiten des Lebens. Meine Verstimmung darf da sein und ich kann auch nach deren Ursache fragen, aber sie bekommt in mir den richtigen Platz. Ich spüre sie, aber ich bin sie nicht, ich lasse mich davon nicht bestimmen.

Dieses Wechselspiel zwischen innen und außen gilt für die gesamte Ordnung und Regelung des Tages, die Benedikt seinen Mönchen gegeben hat. Zu seiner Zeit waren die Verhältnisse in der Welt ähnlich chaotisch wie heute. Chaotisch deshalb, weil über lange Zeit bestehende Strukturen sich auflösten und neue sich erst finden mussten. In dieser Zeit wollte Benedikt eine Ordnung schaffen, die klaren Halt und Stabilität gab, sowohl innen als auch außen.

Wenn es mir demnach schwerfällt, Prioritäten zu setzen oder den Berg an Arbeit zu überschauen, hilft der Abstand, die Unterbrechung, das Gebet, mir eine Ordnung zu schaffen, an der ich mich dann entlanghangeln kann. Wenn der Boden unter meinen Füßen zu wanken scheint, weil jemand gestorben ist, ein Mitbruder ausgetreten ist, etwas anderes passiert, das mich erschüttert, ist die Ordnung des Tages etwas, das mir Sicherheit gibt. Wenn ein neuer Lebensabschnitt, eine neue Aufgabe ansteht, ist die Ordnung etwas, das bleibt, auf dem ich stehen kann.

In unserem Gästehaus spreche ich immer wieder mit Menschen, deren Leben ins Wanken gekommen ist und die keinen festen Boden mehr unter den Füßen haben. Bei uns suchen sie Orientierung und Hilfe und erfahren unsere Ordnung auch als ein Gerüst, an dem sie sich festhalten können, das ihnen das Gefühl von Stabilität gibt. Ein Beispiel: Ein Gast hatte kurz zuvor seine Frau beerdigt. Sein Leben war von jetzt auf gleich auf den Kopf gestellt worden. Er hatte sich in sich zurückgezogen, Kontakte abgebrochen, wusste nicht mehr wirklich, wie es weitergehen sollte. Dann wurde er auf uns aufmerksam und kam für einige Tage in die Abtei, um mitzuleben. Er spürte recht schnell, dass eine Ordnung des Tages nicht nur für uns Mönche wichtig ist, sondern auch für ihn zu Hause ein Gerüst sein kann, das ihn stützt und hält. Im wahrsten Sinne des Wortes. Denn der Rhythmus von Arbeit und Gebet, von Tun und Unterbrechung brachte ihn selbst auch wieder in die aktive Rolle: ein Spaziergang, ein Treffen mit Freunden, der Einkauf. Es brachte ihn aus seiner Zurückgezogenheit heraus und er konnte nach und nach wieder entdecken, dass das Leben jetzt anders, aber auch wieder schön war: in der Natur, einer blühenden Blume, die auf einmal wieder Freude in ihm auslöste.

Dafür braucht es aber einen Tagesplan: Wann stehe ich auf, wann esse ich, wann gehe ich spazieren, wann kaufe ich ein, wann ist Erholung? Je mehr es uns gelingt, diesen Plan in die Tat umzusetzen, desto mehr wird sich in unserem Inneren wieder eine Stabilität bilden. Ein solcher Tagesplan hilft auch gegen die Panik, die einen manchmal morgens nach dem Aufstehen befällt, weil man vor lauter Arbeit und Terminen nicht mehr weiß, was alles zu tun ist und wie man das alles bewältigen soll. Setzt man sich aber dann hin, sortiert das Wichtige von Unwichtigem, klärt die Zeiträume, die man zur Verfügung hat, legt fest, wann was getan wird, dann beruhigt sich meistens auch das Chaos und das Gefühl von: »Ich schaff das nicht!« Man sieht dann klarer und begreift: So kann es gehen.

Gutes bleibt

Die Regel, nach der wir Mönche leben, stammt aus dem 5. Jahrhundert. In ihrem Wortlaut ist sie bis heute nicht verändert worden. In unserem Gästehaus steht auf jedem Zimmer eine »Regula Benedicti« (RB). Gäste lesen darin und fragen dann nach. Ihnen fallen Sätze auf, wie die Anweisung Benedikts, dass der Mönch kein Fleisch von vierfüßigen Tieren essen soll, dass durchaus die Prügelstrafe vorgesehen ist oder dass Mönche bei Fehlverhalten auf Zeit aus der Gemeinschaft ausgeschlossen werden und alleine essen müssen. Ob das heute auch noch so sei, fragt man uns. Das Entscheidende ist immer: Welche Absicht steht hinter diesen Sätzen? Und macht dieser Satz heute auch noch Sinn?

So ist es auch mit den Gebetszeiten. Noch heute heißt die erste Gebetszeit Vigil. Eigentlich bedeutet der Begriff »Nachtwache«. Früher wurde sie in vielen Klöstern um zwei Uhr gebetet. Aber wie leben wir heute diese Tradition des nächtlichen Betens? Stehen wir tatsächlich um zwei Uhr in der Nacht auf? Dabei ist zu beachten, dass sich der Tagesablauf, die Zuständigkeiten und Verantwortlichkeiten der einzelnen Mönche gegenüber denen zur Zeit Benedikts deutlich gewandelt haben. Und so haben wir bei uns festgelegt: Das, was die Vigil meint – ich komme noch darauf zu sprechen – kann ich auch morgens um fünf Uhr noch erfahren. Daher beten wir heute die Vigil zu dieser Zeit.

Und in Bezug auf die Strafen: Diese waren zur Zeit Benedikts in jedem Haus üblich. Benedikt orientiert sich in seiner Regel am damaligen Haussystem, in dem der Vater, der *Pater familias*, das Familienoberhaupt, unhinterfragt bestimmte, und überträgt das auf den Abt und seine Mönche. Das änderte sich im Lauf der Zeit, sehr deutlich aber in den Jahren nach dem Zweiten Vatikanischen Konzil. Hier gab es auch in unserer Abtei einen großen Umbruch und damit verbunden große Unsicherheit. Die jungen konzilsbegeisterten Mönche wollten den Schwung und die Aufbruchsstimmung ins Kloster holen, die älteren das Alte bewahren. Traditionen wurden infrage gestellt und neu nach dem Sinn des Mönchlebens und seinen Riten und Ritualen gefragt. Es war zum Beispiel bis dahin üblich, den Kopf zu senken, die Hände unter dem Skapulier (ein Überwurf über dem Mönchsgewand) und im Zingulum (eine Art Gürtel) zu lassen, wenn man durch das Kloster ging. Eine Haltung, die uns heute als zu fromm oder zu überzogen vorkommen würde. Das Infragestellen solcher Riten und Gewohnheiten führte aber zu einer Neuentdeckung ihres eigentlichen Sinns. Die oben beschriebene Haltung sollte ursprünglich die Konzentration fördern, das Bleiben bei sich. Für die Mönche ergab sich daraus auch die Frage: Wie bin ich unterwegs, wie verhalte ich mich – gerade in religiösen Räumen? Wie sammle ich mich? Wie gelingt es mir, stets in der Gegenwart Gottes zu bleiben? Damals lernten einige Brüder des Klosters asiatische Meditationsformen kennen. Sie zeigten ihnen neue Weisen, diese Konzentration wieder leben zu können: aufrechte Haltung im Sitzen und meditatives Gehen, um Geist und Körper zu fokussieren. Damit wurde das Gehen wieder nicht nur als eine Bewegung wahrgenommen, die einen von A nach B bringt, sondern als ein Wert, ein Ritual in sich. Gleiches galt für andere Riten, die hinterfragt und von denen manche auch abgeschafft wurden.

In Bezug auf Fortführung und Reform von Traditionen bringt Paulus es auf den Punkt, wenn er sagt: »Prüft alles – und das Gute behaltet.« (1 Thessalonicher 5,21) Darin ist auch die Frage enthalten: Was tut gut – der Gemeinschaft und dem Einzelnen? Sind unsere Rituale noch mit Inhalt gefüllt oder nur noch Hülle?

Das gilt aber auch für die Menschen außerhalb des Klosters. Eine junge Frau erzählte mir im Gespräch von ihrer religiösen Erziehung und dass es bisher für sie selbstverständlich war, sonntags am Gottesdienst teilzunehmen. Dann aber führte sie ihr spiritueller Weg zum Yoga und zur Natur. Je mehr sie Yoga praktizierte und sich in der Natur aufhielt, desto mehr spürte sie, dass sie bei sich ankam. Diese Zeiten waren für sie Oasen der Kraft und Erholung. Jetzt erst merkte sie, dass der Sonntagsgottesdienst nicht mehr passte, dass sie dort nicht so tief zu sich finden konnte. Für sie war Kirche langweilig und nichtssagend geworden. Sie pflegte eine Hülle, indem sie trotzdem regelmäßig den Gottesdienst besuchte, spürte aber, dass sie das, was sie eigentlich suchte, hier nicht mehr fand. Durch ihre katholische Erziehung kam sie dadurch aber in Gewissensnot. Diese sagte ihr nämlich, dass sie doch nicht so einfach alles aufgeben könne. Ihre Eltern hätten ihr doch den christlichen Glauben vorgelebt und seien in ihrem Leben auch gut damit gefahren. Durfte sie wirklich einen ganz eigenen Weg gehen, der nicht der erlernten Tradition entsprach, aber ihr eine innere Fülle schenkte, während sie vom Gottesdienst innerlich leer, enttäuscht nach Hause kam? Hinzu kam, dass ihr Mann eher im Alten und Gewohnten bleiben wollte, sich keine weiteren Gedanken dazu machte. Er ließ ihr aber den Freiraum, den sie brauchte, weil er merkte, dass es ihr guttat und sie ausgeglichener und zufriedener war, wenn sie ihren spirituellen Weg gehen konnte. Ich riet der Frau, wirklich auf sich zu hören und nicht gegen ihre innere Stimme zu leben. Das ist nicht immer spannungsfrei, führt zu Nachfragen, Auseinandersetzungen in der Familie. Bleibt man aber im Gewohnten, obwohl man etwas anderes spürt, wird das auf Dauer unzufrieden machen und blockieren. Dann entleeren sich auch die Rituale, sie schenken keine Erholung mehr, laden den Akku nicht mehr auf und bringen Frust statt Freude und Energie.

Hetz dich nicht!

Wenn wir als Gemeinschaft zum Gebet in die Kirche einziehen, dann schreiten wir. Das Schreiten ist ein verlangsamtes Gehen. Die Verlangsamung dient der Wahrnehmung, dass es beim Gehen nicht nur darum geht, in die Kirche und auf unseren Platz zu kommen, um endlich das Gebet beginnen zu können. Der Einzug ist ein Beschreiten des Kirchenraumes. Schon das ist Gebet – ein Gehen in der Gegenwart Gottes. Dieser – so Benedikt – soll sich der Mönch immer bewusst sein. Was im Ritual eingeübt wird, sollte auch im Alltag seinen Platz haben. Ich kann beispielsweise den Weg zwischen zwei Terminen nutzen, um in der Gegenwart Gottes zu schreiten und nicht zu rasen. Ich kann beim Spaziergang bewusst gehen – nicht nur um des Spazierganges willen, sondern um in der Natur bewusst und aufmerksam Gottes Gegenwart wahrzunehmen und zu spüren.

Hier zeigt sich das, was Mönchsein heute prägt: eine Alternative zur Gesellschaft zu bieten. Während das Tempo in der Gesellschaft sich immer weiter steigert, verlangsamen wir Mönche uns. Wir entschleunigen uns und sind bewusst im Augenblick, in der einen Sache und nicht mit 1000 Dingen gleichzeitig beschäftigt. Es geht uns um die Aufmerksamkeit auf das, was ist. Zum Beispiel auf den Menschen, der zu uns kommt mit seinen Fragen und Problemen. Er erwartet unsere ganze Präsenz und eine Antwort aus unserer Gegenwart in Gott heraus; eine Antwort, die aus dem Gebet wächst.

Viele, die zu uns kommen, tragen die Sehnsucht nach Entschleunigung in sich. »Endlich mal kein Handy und nur sein können und dürfen«; »Ich freu mich darüber, dass ich nichts machen muss«. So oder ähnlich höre ich es von den Gästen. Sie nehmen sich für ein paar Tage aus ihrem Alltag heraus und genießen es, sich in unseren geregelten Tag einzuklinken und zur Ruhe zu kommen. Für sie ist es eine Wohltat, den Tag nicht hektisch beginnen zu müssen, sondern immer bewusst eins nach dem anderen tun zu können.

Ich kenne viele, deren Alltag allerdings auch so gefüllt ist mit Pflichten, Terminen und Verantwortlichkeiten in Familie und Beruf, dass einfach so gut wie keine Zeit bleibt, um gerade den Morgen nicht in Hektik, sondern in Ruhe anzugehen. Aber vielleicht ist es auch hier hilfreich, umzudenken.

Eine Frau erzählte mir beispielsweise, dass sie die Fahrt zur Arbeit nutzt, um für sich zu sein, gerade im Sommer den schönen Morgen mit Sonnenaufgang zu genießen und sich langsam auf die Arbeit einzustellen.

Vielleicht müssen wir uns auch hier von alten Formen oder Vorstellungen verabschieden und uns innerhalb des Alltags, wie er nun einmal ist, kleine Auszeiten suchen, die dann aber ganz uns gehören, statt dem Morgenritual hinterher zu weinen, das einfach unrealistisch in unserer jeweiligen Lebenssituation ist.

Überlege doch einmal, an welchen Stellen in deinem Alltag es die Möglichkeit gibt, zu entschleunigen. Natürlich kannst du nicht mitten in der Welt wie wir Mönche leben. Aber welche Wege zu Fuß, mit dem Fahrrad oder Auto kannst du für dich nutzen – nicht für Telefonate und Nachrichtenschreiben, sondern vielleicht einfach, um einen Schritt langsamer zu gehen und ganz bei dir zu sein?

Selbstverständlich, jeden Tag – Rituale vom Morgen bis zum Abend

In diesem Kapitel möchte ich ganz konkret darauf eingehen, welche Rituale wir Mönche pflegen im Ablauf eines Tages und mich hier vor allem auf unsere Gebetsrituale beziehen. Dann möchte ich, abgeleitet von unseren Regeln, konkrete Rituale für deinen eigenen Alltag vorschlagen. Diese Rituale greifen das Hören auf, von dem Benedikt in seiner Regel spricht: »Hör auf die Weisung des Meisters …« Alle vorgeschlagenen Rituale beginnen mit dem Satz: »Hör auf …« Entweder geht es darum, etwas zu beenden, weil es nicht mehr dem entspricht, was die Seele, der Leib und der Geist brauchen, oder es geht darum, auf das zu hören, was sie brauchen und genau das fortzusetzen oder neu zu beginnen.

Diese Übungen sind Vorschläge, die du in Auswahl in deinen eigenen Alltag hineinnehmen kannst. Und die nicht drei Stunden dauern. Das ist die Zeit, die wir Mönche jeden Tag mit unseren Gebetsritualen verbringen – ein gewisser Luxus, den wir pflegen. Wir wissen aber auch um die Verpflichtung, die darin liegt. Deshalb nehmen wir in all unsere Gebete und Rituale die Menschen mit hinein, die uns um das Gebet bitten, sowie die Sorgen und Anliegen der Welt. Unser Beten ist immer auch Gebet für all die Menschen, die in Beruf und Familie eingespannt sind und nicht zu unseren Zeiten beten können. Aber vielleicht findest du im Lauf des Tages eine (kurze) Zeit für ein Ritual, das dir entspricht und guttut.

Grundsätzlich orientieren sich unsere Rituale des Gebets am Lauf der Sonne und des Mondes. Hierin ist eine tiefe Symbolik enthalten. Wir beginnen mit der Vigil am Ende der Nacht, es folgt die Laudes (das Morgenlob) bei aufgehender Sonne, die Mittagshore (Mittagsgebet) bei hochstehender Sonne, die Vesper (Abendgebet) bei untergehender Sonne und die Komplet (Nachtgebet) bei beginnender Nacht. Während der heilige Benedikt noch eine flexible Tagesordnung kannte, die im Winter anders war als im Sommer wegen der unterschiedlichen Zeiten von Sonnenaufgang und -untergang, beten wir heute immer zu den gleichen Zeiten. Natürlich korrespondiert das dann nicht immer exakt mit dem Stand der Sonne, aber die Symbolik bleibt die Gleiche. Und auf diese beziehe ich mich.

In allen Gebetsritualen geht es darum, mit mir selbst wieder in Einklang zu kommen, zu mir selbst zu kommen, aber auch mich neu wiederzufinden – in der Gemeinschaft der Mönche, aber auch du dich in deinem Alltag »außerhalb der Mauern«.

Der Morgen – Leben erwacht

Am Morgen erwacht das Leben auf der Erde, alles wird neu lebendig. Im Sommer ist es wunderbar, wenn um diese Zeit schon die Vögel zwitschern, die sozusagen den Tag ankündigen, und dann zu erleben, wie es immer heller wird. Der neue Tag lädt mich ein, aufzustehen und mich mit beiden Beinen fest auf die Erde zu stellen, um diesen neuen Tag zu gestalten.

Manchmal haben wir beim Aufwachen den Wunsch, dass dieser Tag schon vorüber wäre. Wir denken: »Wenn doch diese Konferenz schon vorbei wäre. Und dann kommt heute noch die schwierige Kollegin aus dem Urlaub ...« Für uns Mönche ist unser Morgenritual gerade in solchen Situationen so etwas wie das Motivationstraining für den neuen Tag. Wir beten uns in den Tag hinein. Unser erstes Gebet, die sogenannte Vigil, beginnt um fünf Uhr am Morgen. »Vigil« meint im Lateinischen »wach« oder »schlaflos«. Ursprünglich fand dieses Gebet immer in der Nacht statt, sozusagen als Nachtwache. Weil selbst in der Nacht der Blick auf Gott gerichtet bleiben darf, der auch dann gegenwärtig ist. Auch im Dunkel meiner Gedanken und Stimmungen, die durch dieses Ritual jetzt in die richtige Ordnung kommen.

Auch wenn ich von Natur aus kein Frühaufsteher bin, ist es mir wichtig, so früh mit dem Gebet zu beginnen. Es hat eine andere Qualität, als wenn ich das gleiche Gebet um sieben Uhr spreche. Diese frühe Zeit markiert den Übergang von der Nacht in den Morgen. Gerade wenn der Verstand noch im »Standby« und der Körper noch nicht ganz wach ist, ist es die Seele sehr wohl, und so kann sie viel aufnehmen. Tagsüber wird dagegen viel durch den Verstand gefiltert. Mit der Vigil beginnen wir also den Tag im Rhythmus der Seele und mit dem Rhythmus der Natur. Um dann diesen Tag wach und im eigenen Rhythmus zu leben.

Die Nachtwache geht über in die Laudes – das Morgenlob. Sie soll zum Zeitpunkt des Sonnenaufgangs gebetet werden. Die aufgehende Sonne ist im Christentum immer schon das Symbol für den auferstandenen Christus gewesen. So wie die Sonne jeden Tag neu aufgeht, so ist für den Mönch Christus jeden Tag neu über seinem Leben. Er ist der biblischen Überlieferung nach das Licht der Welt. Durch seine Auferstehung hat er das Leben der Menschen hell gemacht. Vielen gibt der Glaube an die Auferstehung Kraft und Hoffnung. Wenn mit der Auferstehung der Tod besiegt ist, dann bedeutet das, dass das Leben immer stärker ist: stärker als alles Scheitern, alle Brüche im Leben, alle Krankheit, alle Probleme und Schwierigkeiten, alle Sorgen und Ängste. Wenn die Laudes den auferstandenen Christus besingt und lobt, bringt dieses Gebet den Mönch innerlich damit in Berührung, dass das Leben am Ende siegt, dass es immer stärker ist. Dann liegt auch der Fokus nicht mehr darauf, wie schwierig das Leben gerade ist, wie anstrengend, sondern dann stellt sich das Gefühl ein: »Ich schaffe das!«

Eine Ordensschwester, die uns einen Vortrag hielt zum Gebet der Mönche, sprach in Bezug auf die Laudes davon, dass diese eigentlich der »Osterschwung« in den Tag hinein sei. Jeder Morgen, jedes neue Aufgehen der Sonne, jedes neue Aufstehen sei ein kleines Ostern. Jeden neuen Tag, an dem ich aufwache, darf ich mit der Gewissheit beginnen, dass Gott mein Leben will. Ich kann aber auch sagen: Das Leben lädt mich zum Leben ein.

Mit dem Osterschwung will aber auch die Osterfreude in das Herz des Menschen einziehen, die nichts anderes meint als Lust am Leben. Der Mensch, der aufsteht, stellt sich mit beiden Beinen auf die Erde und in das Leben hinein, in die Wirklichkeit seines Lebens, so, wie es ist. So kann die Frage am Beginn des Tages sein: Was darf neu werden, aufblühen, was muss abgeschnitten werden? Welcher »alte Zopf«, den ich immer noch mit mir herumtrage, darf etwas Neuem Platz machen?

Auch ein Baum braucht immer wieder den Beschnitt, das Abschneiden von alten Zweigen, aber nur, damit die verbleibenden Zweige umso kräftiger austreiben und blühen. Manchmal hat unser Lebensbaum zu viele Zweige, zu viele Verästelungen, zu viele Aufgaben, zu viel an Arbeit, sodass die Kraft unterwegs verlorengeht. Wer einen Beschnitt vornimmt, der wird konzentrierter, gezielter, die Energie schießt nicht mehr in alle möglichen Richtungen. Stattdessen konzentriert er sich wieder auf einige wenige Aufgaben. Wo also braucht das Leben einen Schnitt, Einschnitt, Beschnitt – nicht, um sich selbst zu beschneiden, sondern um aufzublühen, damit es luftiger wird und wir wieder atmen können. Dann kommen auch die Lebensfreude und Lebenslust wieder zurück. Das »Beschneiden« und »Zurückschneiden« gilt übrigens auch für Rituale und Traditionen.

Bei manchen Menschen hat man den Eindruck, dass der Zweig des Meckerns abgeschnitten werden müsste. Es gibt die Menschen, die ständig unzufrieden sind, immer denken: »Was wäre, wenn …« Und morgens schon wissen, dass abends die Welt untergeht. Uns benediktinischen Mönchen sagt man nach, dass wir einen nüchternen Blick haben. Einen Blick auf das Notwendige und praktisch Nötige. Wir können Dinge akzeptieren, die nicht zu ändern sind. Zumindest nicht im Augenblick. Dieser nüchterne Blick lenkt unsere Energie auf das Machbare – nicht in die Fantasie hochtrabender Gedankenspiele, was wir alles tun könnten, um die Welt zu verändern, aber auch nicht in eine destruktive Haltung, wie schlecht doch alles ist. Vielleicht kann man es so zusammenfassen: Das Leben ist machbar. An diesem neuen Tag.

Der Mönch: Das Morgenritual

Das Ritual am Morgen beginnt eigentlich mit dem Aufstehen. Um 4 Uhr 40 ist es bei uns Zeit, aufzustehen. Dann schellt die Hausglocke – sehr schrill. Ich habe meinen Wecker etwas früher eingestellt. Jeder hat seine Zeit zum Wachwerden und Aufstehen, der eine braucht länger, der andere kürzer, um für das Gebet bereit zu sein.

Wenn ich aufwache, mache ich ein Kreuzzeichen, beginne den Tag im Namen des Vaters und des Sohnes und des Heiligen Geistes; im Namen des Gottes, der mir das Leben gab. Dann stelle ich mich hin und bleibe kurz stehen, spüre den Boden unter den Füßen, mache das Fenster auf, atme die frische Luft, den Morgen, das Leben, das draußen beginnt, ein und mache mir bewusst: Ein neuer Tag mit vielen Möglichkeiten liegt vor mir!

Zum gemeinsamen Gebet geht jeder Mönch alleine in die Kirche und geht auf seinen Platz. Aus der Nacht kommen die Mönche zusammen und versammeln sich. Die Nacht ist immer auch Symbol für die dunklen Mächte, für das Böse. In der Bibel wird von Dämonen gesprochen. Den Kampf für das Leben, die Auseinandersetzung mit dem Dunklen und Schweren – diesen Weg muss jeder selbst gehen und auch das immer neue Aufstehen muss jeder selbst entscheiden. Nicht nur das Aufstehen am Morgen, sondern auch das symbolische Aufstehen nach gefühlten Niederlagen, Scheitern, Brüchen im Leben. Jeder kommt zum Gebet, um vor Gott zu sein. Für mich ist das ein großes Zeugnis: Jeden Morgen um 5 Uhr versammeln sich 80 Mönche im Alter von 21 bis 93 Jahren. Und keiner ist verzweifelt an Gott, verzweifelt an seinem Leben. Er kommt, um Gott wieder neu zu loben und sich neu in seine Gegenwart zu stellen. Er hat erfahren und weiß, dass Gott auch in den schwierigen Stunden seines Lebens gegenwärtig ist und ihm immer wieder aufhilft zum Leben. Davon zeugt sein Gebet.

Insgesamt fünf Mal am Tag versammeln wir uns in der Kirche, um zu beten. Vier Mal ist es ein Gebetsritual, ein weiteres Mal kommen wir zusammen, um das Abendmahl zu feiern. Unsere Gebetsrituale folgen einem Aufbau, deren Bestandteile immer gleich sind. Sie beginnen mit einer Eröffnung, dann folgen die Psalmen. Psalmen sind alte Gebete des Volkes Israel. Darin wird alles, was uns Menschen bewegt, vor Gott getragen – sei es Wut und Zorn, Freude und Dank, Lob und Bitte. Nichts an menschlichen Gefühlen lassen die Psalmen aus. In der Bibel sind 150 dieser Psalmen gesammelt. Im Anschluss folgen ein Hymnus (Lobgesang), ein Gebet und der Segen.

Wenn das Gebet am Morgen beginnt, eröffnet der Vorsteher es mit dem Satz: »Herr, öffne meine Lippen.« Und alle antworten: »Damit mein Mund dein Lob verkünde.« Nach dem nächtlichen Schweigen ist dies nun das erste Wort. Bevor der Mund spricht, bitten wir darum, dass wir mit unseren Lippen und Worten Gottes Lob verkünden. Es ist aber auch ein Wort, das für den ganzen Tag gilt: Was und wie spreche ich an diesem Tag? Welche Botschaften sende ich aus? Denn Worte, die wir tagtäglich sprechen, schaffen Wirklichkeit. C. G. Jung hat einmal gesagt: »Das, was wirkt, ist wirklich.« Wir sehen es am ehesten daran, wie Worte verletzen können, wie sehr mancher noch nach Jahrzehnten unter einem Wort leidet, dass ihn getroffen hat. Es kann sich lohnen, einmal die eigene Kommunikation zu beobachten. Worte, die Gott loben, sind solche, die Leben schaffen, die das Leben des anderen fördern, ihn ermutigen, bestärken. Sind meine Worte solche, die mit mir selbst in Berührung sind, die mich selbst ausdrücken? Oder sage ich sie, weil ich gut dastehen will?

Die Psalmen, die auf die Eröffnung folgen, möchten mich in Berührung mit mir selbst bringen. Gerade am Morgen ist die Seele sehr aufnahmefähig, ist es gut, den Gleichklang zu spüren, in die der Rhythmus, mit dem wir die Psalmen beten, uns Mönche bringt. Er führt uns in eine Ruhe und meditative Stille, in der ich nichts tue, sondern nur sitze und bete. Ich bin vor Gott so, wie ich bin, und lasse die Worte der Psalmen in meine Seele fallen.

Ein wunderbares Psalmwort in der Vigil am Sonntag ist: »Gepriesen sei der Herr, Israels Gott! Er allein tut Wunder. Gepriesen sei sein herrlicher Name in Ewigkeit! Die ganze Erde sei erfüllt von seiner Herrlichkeit. Amen, ja Amen.« (Psalm 72)

Gott tut Wunder – damit drückt der Verfasser dieses Psalms aus, dass er in seiner Hoffnung auf Gott nicht enttäuscht worden ist. Dass er weiß: Gott gibt es und er hilft ihm. Deshalb soll auch die ganze Erde von seiner Herrlichkeit erfüllt sein. Erde meint hier den ganzen Menschen als der, der von der Erde genommen ist. Erde, das bin ich, Gottes Mensch. Wenn ein solches Wort am Ende der Nacht steht, dann meint es: An diesem neuen Tag soll Gottes Herrlichkeit sich in mir und durch mich ausbreiten. Bischof Irenäus von Lyon (gestorben um 200) hat einmal gesagt: »Die Ehre (man könnte auch Herrlichkeit sagen) Gottes ist der lebendige Mensch.« Gott wird am meisten dadurch verherrlich und verehrt, dass man die eigenen Begabungen und Talente entfaltet und das Bestmögliche aus dem eigenen Leben macht.

Nach den Psalmen folgt ein Gebet. Dann schließt ein Segenswunsch die Vigil ab. Nach einer Lesung mit meditativen Gedanken und einer kurzen Pause folgt dann die Laudes. Diese wiederum folgt dem Aufbau, den ich oben erwähnte. Eigentlich sind Vigil und Laudes zwei selbstständige Gebetszeiten, die wir zu einer Einheit zusammengelegt, die aber ihren je eigenen Charakter bewahrt haben.

Die Laudes nun ist die Zeit des Gebets, die Schwung in den Tag bringen will. Während die Vigil im Aufwachen gebetet wird, folgt die Laudes bei Sonnenaufgang. Sie besingt eigentlich den aufgehenden Christus über meinem Leben. Und das geschieht jeden Tag unabhängig von der Uhrzeit, der Jahreszeit und dem Wetter. In meiner Seele ist Christus oder Gott oder das Göttliche auch immer der Wachende, der Seiende, der mich nie verlässt. Aber jetzt geht es darum, in die Kraft zu kommen und die Präsenz des Göttlichen in mir wahrzunehmen. So wie man manchmal die ersten Sonnenstrahlen im Gesicht spürt, während man noch im Bett liegt, die Energie spürt und dann Lust hat, aufzustehen und den Tag zu beginnen. Davon sind die Psalmen der Laudes geprägt. Ich greife Verse aus den Psalmen der Sonntagslaudes auf, die im Stehen gesungen werden.

Mein Lieblingspsalm der Laudes ist Psalm 30. Da heißt es am Ende: »Da hast du mein Klagen in Tanzen verwandelt, mein Trauerkleid hast du gelöst, mich gegürtet mit Freude.«

Der Beter dieses Psalms hat die Erfahrung gemacht, dass sein Leben sich gewandelt hat. Er war in einer großen Trauer und hat Gott diese Trauer geklagt. Dann aber hat sie sich gewandelt und er wurde mit neuer Lebenskraft und Lebensfreude erfüllt. Für ihn ist es Gott, der ihm diese Wandlung geschenkt hat.

Der nach den Psalmen gesungene Hymnus bringt Gleiches zum Ausdruck. Auch am Sonntag, dem Tag der Auferstehung, heißt es dort: »Seht wie die Schatten dunkler Nacht verblassen: Rötliches Leuchten strahlt am frühen Himmel. Innig wir bitten mit vereinter Stimme Gott, den Allmächtigen, dass er sich unser liebevoll erbarme, Gnade gewähre, unsre Trägheit banne und uns als Vater einst in Güte schenke himmlisches Erbe.«

Die dunkle Nacht verblasst und verwandelt sich. Kraftvoll leuchtet jetzt der Tag. Die aufgehende Sonne als Symbol für den auferstandenen Christus zeigt: In dieser Auferstehung steckt Kraft und Energie. Der Stein ist weggerollt, ein Toter zum Leben erweckt. All das klingt in der Sonne am Morgen mit. Und veranlasst den Beter, Gott zu bitten, dass er unsere Trägheit banne. Dass wir in eine feurige, kraftvolle Existenz finden an diesem Tag.

Rituale

Hör auf …
mit dem Wecker zu diskutieren

Gerade wenn man früh aufstehen muss, ist es eine Versuchung, nach dem Klingeln des Weckers noch liegen zu bleiben, innerlich schon mal das Frühstück zu streichen und noch zehn Minuten länger im Bett zu bleiben. Mir ist es lieb geworden, über all die Jahre des Mönchseins eine feste Zeit am Morgen einzuüben. Interessanterweise wache ich auch meistens im Urlaub zur gleichen Zeit auf wie im Kloster, obwohl ich da länger schlafen könnte und keinen Wecker habe. Meine Seele hat sich an diesen Rhythmus gewöhnt und weiß, dass er mir guttut. Ich glaube, dass es unheimlich viel Energie kostet, immer wieder mit dem Wecker zu diskutieren und ihn um fünf Minuten nach hinten zu stellen, sich jeden Morgen neu zu überlegen, wie viele Minuten noch gehen. Deshalb ist es gut, sich abends vorzunehmen, nicht mit dem Wecker zu diskutieren. Nicht innerlich mit mir selbst zu verhandeln, sondern mir zu sagen: Wenn der Wecker schellt, dann stehe ich auf.

Überprüfen deine innere Haltung zum Aufstehen. Nach dem Aufwachen kannst du dir selbst sagen: »Jetzt stehe ich auf zum Leben. Das Leben wartet auf mich. Wenn auch mit Herausforderungen.« Dann steh auf und spüre den Boden unter deinen Füßen, der dich trägt. Die Erde, auf der du stehst. Öffne das Fenster, atme den Morgen ein – das neue Leben. Jetzt kannst du das Kreuzzeichen machen. Und dazu sprechen: »Im Namen des Vaters und des Sohnes und des Heiligen Geistes. Diesen Tag beginne ich im Namen der göttlichen Kraft, die in mir ist.«

Hör auf ... den neuen Tag

Dieses Ritual kann die vorhergehende Übung intensivieren. Jeder neue Tag ist eine neue Chance. Zum Beispiel die Chance, meinen Blick auf das, was ist, verwandeln zu lassen. Zum einen kannst du wirklich hören und den Tag erlauschen. Stell dich dazu in dein Zimmer oder in die Natur. Im Zimmer öffne das Fenster. Spüre die frische Luft. Nimm den Boden unter deinen Füßen wahr und deinem Atem, bewege dich langsam vor und zurück und beginne dann mit dem Becken zu kreisen. Sei wie ein Baum, der fest verwurzelt ist, dessen Äste und Blätter sich aber im Wind bewegen. Du hast einen festen Stand, bist aber beweglich. Dann komme zur Ruhe. Höre das Singen der Vögel, das Rauschen eines Baches, vielleicht auch nur die Stille. Nimm deine Gedanken wahr, halte sie aber nicht fest, sondern lass sie weiterziehen. Konzentriere dich auf deinen Atem. Atme die frische Morgenluft ein, lass dein Gesicht die ersten Sonnenstrahlen spüren, nimm deine Umgebung wahr und wie das Leben erwacht, wie du erwachst und sich in dir das Leben regt.

Nun geh deinen Tag innerlich durch, deine Termine und das, was auf dich zukommt. Erbitte für alle und alles Gottes Segen, den Schutz des Göttlichen. Schließe die Übung mit einer Verbeugung als Zeichen des Respektes ab. Sprich vor der Verbeugung diese Worte: »Ich verbeuge mich vor diesem neuen beginnenden Tag, vor Gott und seiner Schöpfung, vor allen, die mir heute begegnen werden und vor mir selbst!« Oder sprich ein Gebet, das dir nahe ist und mit dem du deinen Tag unter den göttlichen Segen stellst.

Hör auf … das Glück in der Zukunft zu suchen

»Wenn die Kinder mal groß sind, dann machen wir unsere lang ersehnte Traumreise. Dann beginnt unser Glück.« »Wenn ich mal wirklich Zeit habe, dann widme ich diese meiner Familie. Aber jetzt muss ich erst noch arbeiten.« Immer wieder begegne ich Menschen, die hoffen, dass ihr Glück endlich beginnt, irgendwann in der Zukunft.

Es klingt vielleicht provokant, aber: Das Glück ist da – in dir. Vielleicht kennst du »Schreckensmomente«, in denen man eigentlich nur glücklich ist, dass man lebt und überlebt hat, zum Beispiel beim Autofahren, wenn du nur knapp einem Unglück entgangen bist. Du spürst dann: Glück ist, am Leben zu sein. Unabhängig von Reichtum und Erfolg.

Es ist gut, sich am Morgen Zeit zum Genießen zu nehmen und sie sich selbst zu schenken – bevor der Kopf, der Verstand schon alles Mögliche will – vielleicht schon beim Frühstück den Laptop hochfahren, um Mails zu checken, oder obwohl man mit den Kindern am Tisch sitzt, schon am Handy spricht und gar nichts von der Lebensfreude der Kinder mitbekommt. Und nichts von der Lebensfreude in einem selbst.

Du kannst dich fragen: Was weckt die Freude und das Glück in dir am Morgen? Die heiße Dusche? Der Spaziergang mit dem Hund? Die Wahrnehmung der lebendigen Natur? Der erste Kaffee und zu spüren, wie die Lebensgeister wach werden? Finde deine Antwort! Und dann probiere es aus, wie es ist, wenn du jeden Morgen den Tag mit diesem Ritual beginnst!

Hör auf …
dich selbst zu bemitleiden und die Verantwortung für dich zu delegieren

Immer wieder begegne ich Menschen, die sich als Opfer fühlen und in dieser »Rolle« schnell und immer andere verantwortlich machen dafür, dass ihr Leben so ist, wie es ist. Sie sind der Ansicht, dass ihr Leben erst gut wird, wenn die anderen endlich einmal anfangen, sie gerecht zu behandeln. Das Gefährliche an einer solchen Situation ist, dass man sich in dieser Rolle wohlfühlen kann. Viele richten sich in dieser Rolle ein und finden immer wieder andere, die Mitleid haben und sie in »etwas Watte« packen. Damit aber delegiere ich mein eigenes Leben und das eigene Glück an die anderen und übernehme keine Verantwortung für mich. Obwohl wir Mönche in einer großen Gemeinschaft zusammenleben, ist jeder auf sich angewiesen und in seiner je eigenen Verantwortung gefragt. Es schaut keiner danach, ob mein Wecker gestellt ist und ich aufstehe, es schaut keiner danach, wie ich mich pflege morgens, es schaut keiner, wie und wann ich abends ins Bett gehe. Einer unserer Therapeuten im Recollectiohaus hat in einem Sprechzimmer einen Spiegel stehen. Über diesem Spiegel steht der Satz: »Das ist der Mensch, der für dich Verantwortung trägt.«

Schreibe diesen Satz über deinen Spiegel im Badezimmer! Dann erinnert er dich jeden Morgen daran, dass es deine Verantwortung ist, wie du heute deinen

Tag lebst und gestaltest, wie du mit Situationen umgehst, die auf dich zukommen. Er erinnert dich daran, dass du das Leben heute unter deine Füße nehmen musst. Du kannst jeden Morgen einige ruhige Momente in den Spiegel schauen oder dir beim Zähneputzen das Glück, am Leben zu sein, vergegenwärtigen.

Verantwortung für das eigene Leben zu übernehmen bedeutet auch, es zu bejahen. Es ist notwendig, dass du an einem Punkt in deinem Leben dieses mit deinem ganzen Wollen und deiner ganzen Kraft willkommen heißt und deiner Freude darüber, zu leben und lebendig zu sein, Ausdruck verleihst. Du darfst dir selbst sagen: Ja, mit jeder Faser will ich dieses Leben gestalten. Das ist das Gegenteil davon, sich selbst zu bemitleiden oder Opfer zu sein.

Du kannst dir dafür ein großes Blatt nehmen und so lange, wie du spürst, dass es gut ist, »Ja« auf dieses Papier schreiben. Innerlich verbindest du mit diesem Ja deinen entschlossenen Willen zum Leben und dazu, es kraftvoll zu gestalten.

Du kannst aber auch in die Natur gehen, an einen Platz, der dir gefällt. Wenn es an dieser Stelle erlaubt ist, kannst du dort ein Feuer entzünden. Nimm dir Musik mit, die dir wichtig ist, und beginne dann, zu ihr zu tanzen, dich zu bewegen. Sage oder schreie – wie es dir guttut – dein Ja in die Natur. Bewege dich und drücke dein Ja aus, so lange, bis du dich »ausgepowert« hast. Manchen Menschen tut es gut, bei diesem Ritual einen vertrauten Menschen an der Seite zu wissen, der sie begleitet und unterstützt. Spüre, wie gut es dir tut, so Ja zu sagen, es zu tanzen, es aus dir herauszuschreien!

Du kannst vor diesem Ritual überlegen, ob du ein Symbol mitnehmen möchtest, das für dein bisheriges Leben steht: für das Leben, in dem du in deiner Opferrolle gefangen warst, dich noch nicht bejahen konntest. Dieses Symbol kannst du dann im Feuer verbrennen, bevor du es löschst.

Hör auf ...
zu plappern

Das Gebet am Morgen – »Herr öffne meine Lippen« – lädt ein, über das eigene Sprechen nachzudenken. Beobachte dich einen Tag lang und nimm bewusst wahr, wie du wo sprichst. Wo sagst du etwas schnell daher? Wo »plapperst« du einfach nur vor dich hin? Wo beteiligst du dich am Lästern und redest über andere statt mit ihnen? Aber auch: Wo bist du achtsam und vorsichtig in deinem Reden? Wo diplomatisch? Wo schützt du dich selbst und andere durch dein Sprechen? Nimm dir dann vor, achtsamer zu sprechen, bewusster wahrzunehmen, was und wie du etwas sagst. Probiere es einen Tag lang. Warte einen Moment, sei bei dir, bevor du etwas sagst. Überlege, ob das, was du sagen willst, wirklich wichtig ist und dem Leben dient.

Am Morgen kannst du dir eine Zeit nehmen, still zu werden, deine Aufmerksamkeit auf dein Herz zu lenken und nach einer Zeit der Stille drei Mal zu sagen: »O Gott, komm mir zu Hilfe.« Du kannst auch einen anderen Satz formulieren, der dir näher ist und dir hilft, tagsüber auf das zu achten, was du sagst.

Der Mittag – Leben unterbrechen

In fast allen Klöstern wird um zwölf Uhr das Mittagsgebet gefeiert. Jetzt steht die Sonne am höchsten, ist der Tag am wärmsten. Auf der symbolischen Ebene stehen Hitze und Wärme mit dem Feuer und der Glut in Verbindung. Wir sagen auch, dass ein Mensch feurig werden kann oder für etwas entbrannt ist. Neben der Leidenschaft ist es auch die Wut, der Zorn und die Aggression, die einen Menschen richtig feurig werden lassen kann. Gleichzeitig führt das dazu, dass er emotional und nicht mehr sachlich und nüchtern wird. Das führt schnell zu Auseinandersetzungen und Meinungsverschiedenheiten.

Der Hymnus des Mittags, mit dem unser Mittagsgebet beginnt, greift das auf, wenn es dort heißt: »Die Glut des Mittags treibt uns um, wir atmen fiebrig und gehetzt, der Streit flammt auf, das rasche Wort.« Solche Situationen entstehen vielleicht gerade dann, wenn man gehetzt und gestresst ist, schnell noch zwischen Tür und Angel etwas besprechen will, dem anderen nicht richtig zuhört. In Gedanken ist man schon beim nächsten Termin und vielleicht rutscht einem deshalb etwas heraus, das beim anderen falsch ankommt. Schon ist man mitten im Streit. Ein anderes Beispiel:

Am Morgen und Vormittag zeichnen sich ungeplante Termine ab, die nicht verschoben werden können, aber den ganzen Tagesplan durcheinanderbringen. Bereits mittags kann man absehen, dass es wieder keinen geregelten Feierabend geben wird. Genau hier hat das Gebet am Mittag seinen Sinn. Im Hymnus heißt es weiter: »Du Gott, vor dem die Zeiten steh'n, lass uns ein wenig bei dir ruh'n, in deiner Nähe, starker Gott, ist Kühlung, Frieden und Geduld.« Gott also ist das »Gegenprogramm« zum Erhitzen, zum Streit und Konflikt. Nicht nur am Mittag. Oft sagen wir in einer solchen Situation: »Komm erst mal runter, geh raus, frische Luft schnappen, beruhig dich, und dann reden wir in Ruhe.« Das will das Mittagsgebet: eine Unterbrechung schaffen, uns Luft machen, uns herunterkühlen, die Emotionen beruhigen.

Andererseits kann es auch sein, dass jemand für eine Sache Feuer und Flamme ist. Er »brennt« für etwas, das ihm wichtig ist. Er vergisst die Zeit über dem, was er tut, es fließt aus ihm heraus und er ist ganz in den Moment vertieft. Dann ist es am schwierigsten, die Anweisung Benedikts zu befolgen. Der Mönch, so sagt er, solle alles stehen und liegen lassen, wenn die Glocke zum Gebet ertönt. Uns Mönchen macht diese Unterbrechung am Mittag klar: Mach mal Pause! Das kann heißen: Du musst mal durchschnaufen, runterkommen, Distanz gewinnen, etwas essen und dich stärken. Es meint aber auch: Du bist nicht wichtig! Diesen Satz hat der amerikanische Franziskaner

Richard Rohr in einem seiner Bücher formuliert. Was er damit sagen will: Ich muss mir nicht einbilden, dass ohne mich nichts geht. Ich muss mich nicht über meine Wichtigkeit und über meine Leistung definieren. Manche haben auch das Gefühl, dass sie nur gut sind, wenn sie gestresst sind. Wenn sie viel zu tun haben, viele Termine absolvieren. Ich sage öfter mal: »Du bist gut, weil du bist.« Und zuletzt: Vertrau dem Fluss! Wenn die Sache, in die du gerade vertieft warst, wirklich wichtig ist, dann wirst du auch nach der Pause wieder daran anschließen können.

Forscher sagen Ordensleuten nach, dass sie im Schnitt einige Jahre älter werden als die übrige Bevölkerung. Unter anderem sei die Ursache hierfür ihr gleichmäßiger und regelmäßiger Lebensrhythmus, der eben auch Unterbrechungen und Pausen kennt. Die wesentliche Frage, die sich am Mittag stellt, ist: Wer bin ich, wenn ich nicht arbeite, nichts leiste? Was ist dann meine Identität?

Der Mönch: Das Mittagsritual

Das Mittagsgebet der Mönche gibt Antwort. Es beginnt: »O Gott, komm mir zu Hilfe.« Und alle antworten: »Herr, eile mir zu helfen.« Wir bitten also in dieser hitzigen, häufig sehr geschäftigen Tageszeit um den Beistand Gottes, damit wir jetzt ganz präsent sein, uns ganz in der Gegenwart Gottes ausruhen können. Es folgt dann der Hymnus, den ich oben schon zitiert habe: »Du Gott, vor dem die Zeiten steh'n, lass uns ein wenig bei dir ruh'n, in deiner Nähe, starker Gott, ist Kühlung, Frieden und Geduld.« In unserer Kirche ist es gerade im Sommer wunderbar kühl um die Mittagszeit, sodass die Worte des Hymnus fühlbar und spürbar werden.

Jesus sagt einmal seinen Jüngern, als sie keine Ruhe finden vor den vielen Menschen, die zu ihm wollen: »Kommt mit an einen einsamen Ort, wo wir allein sind, und ruht ein wenig aus.« (Markus 6,31) Oder an anderer Stelle: »Kommt alle zu mir, die ihr euch plagt und schwere Lasten zu tragen habt. Ich werde euch Ruhe verschaffen.« (Matthäus 11,28) Bei Gott, im Gebet, darf ich durchatmen, durchschnaufen, Lasten ablegen, zumindest für die Zeit des Gebets. Ich darf sein, ohne meine Arbeit, ohne meinen Stress. Es bleibt aber auch für uns die Gefahr, beim Beten trotzdem mit den Gedanken bei der Arbeit zu sein, also nur körperlich anwesend, während ich innerlich die To-do-Liste aktualisiere. Vielleicht denke ich auch: »In der Zeit hätte ich jetzt schnell noch eine wichtige Sache erledigen können.« Vielleicht vibriert auch das Handy in der Tasche und ich weiß: Das ist der Anruf, auf den ich so dringend gewartet habe!

Natürlich gibt es auch bei uns Mönchen die Versuchung, eine Gebetszeit auszulassen, um noch etwas ganz Dringendes fertig zu bekommen. Dann hilft mir der Gedanke, dass das Gebet die Einladung ist, mich unterbrechen zu lassen. Es ist die Unterbrechung, die mich selbst wieder auf Mitte und Grund meines Mönchseins verweist. Es ist keine lästige Pflicht, die ich erfülle, weil ich es versprochen habe. Ich finde es gut und richtig, das Wort »Gottesdienst« – und alle unsere Gebetszeiten sind Gottesdienste – nicht als einen Dienst zu verstehen, den ich Gott leiste, sondern einen Dienst, den Gott mir erweist. Es ist etwas, das mir hilft, mir dient, nicht umgekehrt.

So heißt es im Psalm 131, den wir in der Mittagshore am Donnerstag beten: »... ich ließ meine Seele ruhig werden und still. Wie ein gestilltes Kind bei der Mutter, so ist in mir meine Seele gestillt.« Oder im Psalm 13 im Mittagsgebet am Freitag: »Ich aber baue auf deine Liebe, mein Herz soll jubeln über deine Hilfe. Dem Herrn will ich singen, weil er mir Gutes getan hat.«

Der Beter dieser Psalmen wissen, dass Gott ihnen Gutes getan hat und sie bei ihm ruhig werden können. So ruhig und friedlich wie ein Kind, das von der Mutter gestillt wird. Satt und zufrieden ruht es an ihrer Brust. Es ist einfach da und weiß sich geborgen und aufgehoben. Das reicht. Ein schönes Bild für das Gebet am Mittag: Ausruhen an der Brust Gottes und bei ihm geborgen sein. Nach einer Lesung aus der Bibel und Fürbitten, die sich an die Psalmen anschließen, endet das Gebet mit dem Segen.

Interessanterweise machen wir Mönche die Beobachtung, dass die Mittagshore die Gebetszeit ist, an der die meisten Menschen teilnehmen. Die überwiegende

Zahl sind Gäste der Abtei, aber auch Menschen, die in den umliegenden Weinorten gerade im Sommer Urlaub machen, Fahrradtouristen, die entlang des Mains fahren, der wenige hundert Meter entfernt liegt, und eine Pause einlegen, weil die Abtei ihre Aufmerksamkeit auf sich gezogen hat. Zudem sind es einige, die aus der Umgebung kommen. Vielleicht hat es auch damit zu tun, dass es die kürzeste unserer Gebetszeiten ist. Sie dauert nur zwanzig Minuten. Das ist eine Zeit, die sich anscheinend jeder einrichten kann. Auch Mitarbeiter nehmen sich immer wieder diese Zeit, um kurz innezuhalten.

Rituale

Hör auf …
zu glauben, dass du nur gut bist, wenn du gestresst bist

Manche beginnen ein Gespräch damit, dass sie mir berichten, von welchem Termin sie gerade kommen und dass sie zuvor noch mehrere hundert Kilometer Anfahrt hatten und dann gleich nach dem Gespräch zu einer weiteren wichtigen Besprechung müssen, die ohne sie nicht stattfinden kann. Und nach einer kurzen Nachtruhe geht es in den Flieger, weil im Ausland weitere Geschäftspartner warten. Ich merke dann, dass diese Menschen sich gut dabei fühlen, dass es sie in ihrem Selbstwert stärkt, wenn sie anderen sagen können, wie wichtig sie sind. Mir bleibt beim Zuhören schon der Atem weg, weil ich die Hektik beinahe selbst spüren kann, die ein solcher Arbeitsrhythmus mit sich bringt. Der Direktor eines Hotels erzählte mir einmal, er müsse etwas ändern in seinem Leben, für ihn sei es nicht mehr fünf vor, sondern eine Minute vor zwölf. Er hatte schon einiges ausprobiert, um seinen Tagesablauf zu entstressen, sich mehr Zeit zu nehmen. Zum Beispiel morgens in Ruhe mit seiner Familie zu frühstücken und erst dann zur Arbeit zu gehen. Dieser Versuch scheiterte bereits nach wenigen Tagen, weil er wieder in sein altes Muster fiel, zu glauben, er müsse morgens um sieben auf der Arbeit sein. Irgendetwas in ihm sagte ihm, dass er nur dann gut sei. Dabei weiß er, dass seine Mitarbeiter die ersten Stunden am Morgen auch ohne ihn gut und selbstständig arbeiten.

Solche und andere Glaubenssätze machen uns das Leben schwer. Vielleicht hilft es, einen neuen Glaubenssatz dagegen zu setzen, nämlich: »Hör auf!« Immer dann, wenn du meinst, auf der Arbeit geht es nicht ohne dich. Wenn du dich nur gut fühlst, wenn du Stress hast und auch an freien Tagen oder am Wochenende arbeitest, weil du meinst, es geht nicht anders, dann zeige all diesen Gedanken innerlich ein Stoppschild.

Nimm dir zwanzig Minuten Zeit am Mittag, setz dich hin, atme tief ein und aus und sage dir immer wieder diesen einen Satz vor: »Ich bin gut, weil ich bin.« Oder den Satz von Augustinus – als Zusage Gottes an dich: »Ich will, dass du bist.« Spüre dabei dein Sein, dein Dasein. Nichts anderes. Vielleicht gelingt es dir, nach und nach den alten Glaubenssatz durch den neuen zu ersetzen.

Hör auf ...
deine Wut

Der Mittag steht unter dem Symbol der Hitze und des Feuers, auch emotional gesehen. Auch in dieser Hinsicht braucht es am Mittag eine Auszeit, eine Abkühlung, die mich wieder auf den Boden der Tatsachen zurückholt und mich die Dinge objektiv sehen lässt. In der Hitze der Debatte, in der Hitze meiner Wut sage und tue ich vielleicht Dinge, die ich hinterher bereue. Eine Pause nimmt mich aus dieser Hitze heraus, lässt mich neu Abstand gewinnen.

Wenn du wütend bist, zornig und aggressiv, außer dir und nicht mehr in deiner Mitte, dann ist das ein Zeichen, dass du eine Pause brauchst. Versuche ruhig zu werden, so wie wir Mönche es tun im Mittagsgebet. Wir stellen uns in Gottes Gegenwart und finden bei ihm Kühlung und Erholung.

Ruhig kannst du werden, wenn du im Stehen oder Sitzen deinen Atem wahrnimmst. Spüre den Boden unter dir. Vielleicht magst du dich hinlegen und die Erde so noch direkter spüren. Nimm deinen Atem wahr und nimm wahr, wie Boden dich trägt und dich aufnimmt. Gib nun alle Wut, die dich erfüllt, an die Erde ab. Lass mit jedem Ausatmen deine Wut in die Erde hineinfließen. Bleib so lange in dieser Haltung, bis du merkst, dass du ruhiger wirst. Danke Mutter Erde, dass sie deine Wut genommen hat. Dann setze deine Arbeit fort.

Oder mach es wie wir Mönche am Mittag. Meditiere den Satz aus unserem Hymnus: »Oh Gott, vor dem die Zeiten steh'n, lass mich ein wenig bei dir ruh'n!« Setz dich dazu an einen ruhigen Platz. Komm bei dir an und wiederhole diesen Satz so lange, bis du merkst, dass du ruhig wirst, dass du dich aufgehoben fühlst. Lass nicht zu, dass die Wut dich bestimmt.

Hör auf... deine Leidenschaften

Die Unterbrechung des Tages durch unser Mittagsgebet bringt mich wieder zurück zu meinem Mönchsein. Das Beten in der Gegenwart Gottes heißt auch, ich stelle mich als Mönch in die Gegenwart Gottes, also nicht als Geschäftsführer eines Betriebes der Abtei, nicht als Lehrer an der Schule. Ich stehe da als einer, der einmal gesagt hat: »Diesen Weg will ich gehen. Aus Überzeugung und Begeisterung für Gott.« Manchmal ertappe ich mich dabei, dass ich mich selbst frage: »Wo ist denn jetzt diese Begeisterung? Wo war mein inneres Feuer am Vormittag? Und wer oder was hat es auslöschen können?«

Um uns selbst wieder an unsere Leidenschaften, unseren »Feuereifer« anzuschließen, der im Alltagstrott und in der Arbeitsroutine verloren zu gehen droht, kann die kleine Unterbrechung am Mittag gute Dienste leisten.

Setz dich in eine stille, kühle Kirche oder an einen einsamen Platz und spüre: Ich bin Mensch. Als solcher bin ich da. Dann überlege: Wo war ich das letzte Mal für etwas Feuer und Flamme? Was hat mich in letzter Zeit aufgezehrt, wer oder was hat mich verbrannt? Wo ist meine Energie verpufft? Wo und wie kann ich im zweiten Teil des Tages meine ganze Begeisterung, Leidenschaft für etwas einsetzen?

Zum Abschluss kannst du das, was du dir vorgenommen hast für den zweiten Teil des Tages, laut in den Raum oder leise in dich hinein sagen – als kleines Versprechen an dich selbst. Oder du formulierst, wenn du magst, ein Gebet frei und bittest Gott, neu deine Leidenschaft und Begeisterung zu entflammen. Oder bete einen der erwähnten Psalmen.

Hör auf … und gönn dir eine Stärkung

Vor einiger Zeit sprach mich ein Mitbruder an, der mitbekommen hatte, dass ich gerade sehr viel zu tun hatte. Er meinte, ich wirke auf ihn ziemlich gestresst. Ich war dankbar für seine Wahrnehmung und Rückmeldung. Er sagte mir dann: »Wenn du viel zu tun hast, ist es erst recht wichtig, langsam zu machen.« Das mag zunächst widersprüchlich klingen, aber ich glaube, er hat recht. Wenn man viel zu tun hat, hilft es wenig, in Hektik zu verfallen. Dann passieren Fehler, Dinge und Menschen werden übersehen. Wenn ich dagegen versuche, langsam zu tun, gehört dazu auch die Pause, die Unterbrechung. Sie hilft mir, den klaren Blick wiederzugewinnen auf das, was jetzt das Wichtigste ist, was als Nächstes zu tun ist.

Für uns Mönche gehört zu der Gebetspause immer die Mahlzeit dazu. Am Morgen, Mittag und am Abend schließt sich nach Gottesdienst und Gebet immer die entsprechende Mahlzeit an. Dazu eine kleine Erfahrung aus meinen Kursen: In der »Auszeit für Männer« habe ich jeden Teilnehmer eine männliche biblische Figur wählen lassen, die ihm besonders wichtig ist oder ihm spontan in den Sinn kam. Einer wählte Elija. Im Erzählen machte er deutlich, dass diese Figur ihm so gut gefällt, weil in der Wüste der Engel zu Elija kommt und ihm Brot und Wasser bringt. Der Teilnehmer – ein Schwabe – folgerte für sich daraus: Zu einer echten Gottesbegegnung gehört die »Vesper«, das schwäbische Wort für Brotzeit. Elija spürt die Bestärkung auf seinem Weg leiblich in der Nahrung. Auch das Essen bei uns in der Abtei ist ein Ritual. Vor all unseren Mahlzeiten beten wir. Mittags und abends, vor dem Frühstück, dem Kaffee hält man im Stehen kurz inne, dankt Gott, macht ein Kreuzzeichen und setzt sich dann hin. Wir erinnern uns damit daran, wem wir diese Stärkung zu verdanken haben und so können beide Pausen – die Gebetspause und die Mahlzeit – als Stärkung durch

Gott wahrgenommen werden. Als einen Dienst, der uns Menschen hilft, stark zu bleiben in unserem gesamten Tun während des Tages.

Versuche deinen Tag so zu strukturieren, dass du mindestens eine gute Pause einbaust – wenn es geht, um die Mittagszeit, zur Hälfte des Tages. Gönne dir eine leibliche Stärkung, die auch der Seele guttut. Nimm dir für diese Pause Zeit und genieße das Essen. Mach dir bewusst, dass es jetzt nicht nur um eine notwendige Energieaufnahme für deinen Körper geht. Essen ist eine sinnliche Erfahrung, die dem Leib guttut, und »Brennstoff« für die geistige Energie.

Vor der Mahlzeit kannst du dir bewusst machen, dass mit dieser Nahrung Gott dich mit seinen Gaben stärkt, die Mutter Erde uns schenkt. Wenn du magst, kannst du ein Dankgebet sprechen. Wenn du aber gerade spürst, dass du gar keine Zeit für eine Pause hast und alles heute eigentlich schnell gehen muss, dann mach langsam, verlangsame dich wenigstens für einige Minuten, bleib stehen, atme durch. Spüre kurz die Erde unter dir. Auf ihr stehst du – aufrecht und stabil. Wenn du magst, kannst du das kurze Gebet sagen: »Gott, Du bist da und ich bin da. Amen!«

Der Abend – Leben kommt zur Ruhe

Der Abend ist die Tagzeit, in der das Leben zur Ruhe kommt. Die Arbeit wird beendet und der »Feierabend« beginnt. Am Abend nun geht es darum, den Arbeitstag abzuschließen und wertzuschätzen, wie Gott es am Abend eines jeden Schöpfungstages tut, wenn er sagt: »Und siehe, es war sehr gut.« Dabei vertraue ich darauf, dass das heute Gesäte und Ausgestreute weiterwächst.

Bei uns in der Abtei endet die Arbeitszeit offiziell um siebzehn Uhr. Das gilt vor allem für die Mitbrüder, die in einem handwerklichen Betrieb arbeiten. Natürlich gibt es Bereiche, in denen auch dann noch gearbeitet wird. Seelsorgliche Gespräche finden auch später statt, manch einer arbeitet im Büro, Gäste werden mit Abendessen versorgt und das Frühstück für sie wird vorbereitet. Es geht jetzt darum, dass ich in meinem Rhythmus bleibe und darin den Punkt finde, an dem die Arbeit zu beenden, das Tagewerk getan ist. Ich muss loslassen, verbunden mit der Frage: Was kann ich auch morgen noch tun? Vielleicht kann das auch für dich eine Hilfe sein, um die Arbeit zu beenden, indem du zu einem bestimmten Zeitpunkt schaust: Jetzt habe ich nur noch so viel Zeit – was muss denn heute noch getan werden? Muss es das wirklich? Oder meine ich nur, dass es nicht mehr aufschiebbar ist?

Ganz wertvoll ist mir dabei ein Ritual geworden, das ich von meinem Vater gelernt habe. Er hatte in unserem Haus im Keller eine kleine Werkstatt. Hier gab es alles, was man benötigte, um kleine Handwerkerarbeiten alleine erledigen zu können. In dieser Werkstatt herrschte eine penible Ordnung. Alle Nägel und Schrauben waren zum Beispiel nach Größe und Art in verschiedene Schubladen sortiert. Sicher durfte ich dort auch arbeiten, aber am Abend musste immer alles aufgeräumt werden. Damit der Nächste alles in der gewohnten Ordnung wiederfinden konnte. Ich finde dieses »Aufräumen der Werkstatt« ein gutes Ritual, da ich mir selbst und meiner Seele damit das Signal gebe: Jetzt ist die Arbeit beendet. Jetzt geht es in den Abend. Im Büro kann dieses Ritual darin bestehen, Ordnung im Computer zu schaffen, Unterlagen zu ordnen, abzuheften – sozusagen sprichwörtlich den Tag abzulegen. Vielleicht gehört auch die Vorbereitung auf den nächsten Tag dazu. Wenn man weiß, welche Arbeit dann als erste zu tun ist, kann ich dafür schon die Unterlagen bereitlegen oder das Werkzeug dafür in einem Kasten bereitstellen.

Dann ist Zeit zu gehen. Die Werkstatt, das Büro zu verlassen und die Arbeit zu beenden. In der mobilen Welt von heute, in der viele mit ihrem Smartphone, ihrem Tablet ihr Büro ständig bei sich haben, ist dieser Abschluss des Arbeitstages nicht so einfach. Da ist die Versuchung groß, auch zu Hause noch schnell etwas zu erledigen, eine E-Mail zu schreiben, eine Skype-Konferenz mit dem Chef oder Team, weil etwas keinen Aufschub duldet. Die Gefahr hier ist, dass man nie richtig abschalten und zur Ruhe kommen kann. Eher in einem ständigen Standby-Modus bleibt. Das tut Leib und Seele nicht gut.

Und natürlich ist bei vielen zu Hause gerade nicht Feierabend. Es gilt, sich um die Kinder zu kümmern, mit dem Partner den nächsten Tag zu besprechen, vielleicht noch einkaufen zu gehen, Abendessen vorzubereiten, Wäsche falten, aufräumen, die Eltern, die mit im Haus wohnen, zu versorgen, Elternabende zu besuchen und vieles mehr. Manch einer erzählt, dass er froh ist, wenn dann vor dem Schlafen wenigstens noch eine kurze Zeit bleibt, um wirklich zur Ruhe zu kommen, mit dem Partner ein Glas Wein zu trinken, herunterzufahren.

Ich glaube, dass es wichtig ist, einen Punkt am Abend zu haben, der ein wirklicher Ruhepunkt ist, ein Loslassen, ein Endpunkt, um zu sich zu kommen und einen wertschätzenden Blick auf den Tag haben zu können. Damit wir ihn nicht einfach abhaken, vergehen lassen als einen von vielen Tagen. Loslassen meint dann auch, sich nicht zu grämen über all das, was nicht erledigt ist und vielleicht nicht funktioniert hat, sondern den Tag als einen zu sehen, den ich gemeistert habe, nicht nur ertragen.

Uns Mönchen bleibt nach Abschluss der Arbeit bis zur Vesper (Abendgebet) eine Stunde Zeit, die jeder für sich nutzen kann, um zur Ruhe zu finden. Unser Leitprinzip »ora et labora« kann man auch übersetzen mit »aktiv und kontemplativ«. Die kontemplative Haltung ist eine betrachtende: Im Gebet geht es um ein Betrachten, Wahrnehmen meines inneren Seins. Es kann aber auch eine Haltung sein, die in die Arbeit fließt. Manchmal ist es notwendig, einen Schritt von der Arbeit zurückzutreten und diese zu betrachten, sei es, dass der Steinmetz schauen muss, ob die Fläche, die er gerade an einem Stein arbeitet, wirklich gerade wird, sei es, dass der Maler prüft, ob die Farbe, die er gerade aufträgt, wirklich dem Wunsch des Kunden entspricht, oder ob eine Predigt, die ich schreibe, inhaltlich passt.

So kann diese Zeit vor der Vesper ein kontemplativer Moment sein, um das Tagwerk zu betrachten, um Gott zu danken, was werden durfte, was ich mit meinem schöpferischen Talent schaffen konnte. Ich kann aber auch das Entstandene betrachten und mich daran freuen. Oder ich mache einen betrachtenden Spaziergang in der Natur und freue mich an der Schöpfung.

Manche von uns meditieren in dieser Zeit, zentrieren sich, sind einfach bewusst vor Gott da. Andere lesen ein geistliches Buch oder die Heilige Schrift und bringen ihr eigenes Leben mit dem Gelesenen in Berührung und Bezug.

Der Mönch: Das Abendritual

Um 18:00 ist es Zeit für die Vesper, das gemeinsame Abendgebet. Gedacht ist sie als Gebetszeit, die bei Sonnenuntergang stattfindet. Je nach Jahreszeit ist es dann aber auch schon dunkel oder noch lange vor Sonnenuntergang. Das Gebet lädt ein, sich einzuschwingen in das Abebben des Tages, selbst zur Ruhe zu kommen. Alle Mönche kommen nun zusammen. Jeder aus seinem Tagwerk. Gemeinsam bringen wir diesen Tag vor Gott und singen ihm das Abendlob. Wir danken ihm für den Tag und stellen uns vor den, ohne dessen Segen und Kraft nichts gelingen würde. Dementsprechend wird diese Gebetszeit wieder mit dem Ruf »O Gott, komm mir zu Hilfe« eröffnet. Und die Mönche antworten: »Herr, eile mir zu helfen.«

Nun folgen wieder Psalmen, die jetzt gesungen werden, während wir sie am Morgen und Mittag in einem gleichbleibenden rhythmischen Sprechton rezitieren. In Psalm 87 heißt es dann zum Beispiel: »Sie tanzen und singen: in dir sind all meine Quellen.« Oder in Psalm 26: »Mein Fuß steht auf ebenem Grund, den Herrn will ich preisen in der versammelten Gemeinde.« Mit Gott fällt keiner haltlos in endlose Tiefen, stürzt keiner ab. Jeder darf sich getragen wissen. Ja, mehr noch: Es ist von Tanz und Gesang die Rede. Manchmal sprechen wir von Standbein und Spielbein. Und meinen damit zum einen die Pflicht, zum anderen die Kür, der Tanz, das Leichte. Pflicht ist die Arbeit, mit der ich Geld verdiene und die vielleicht nicht immer das ist, was ich am liebsten tun würde, aber eben das, wo ich auf festem und sicherem Lebensgrund stehe. Die Kür ist das, was mein Charisma ist, meine Begabung, mein Spielbein, wie die Musik, zum Beispiel.

Solch gemeinsames Singen am Abend und am Ende eines Arbeitstages ist auch eine Selbstvergewisserung. Die Mönche haben die Arbeit losgelassen, sind zusammengekommen und besingen jetzt gemeinsam den, der ihnen Grund und Halt ist. Sie danken ihm für die Arbeit, die getan werden konnte, und loben ihn zugleich. Mit einer Lesung, dem Hymnus und dem Segen schließt die Vesper ab.

Rituale

Hör auf …
deine Dankbarkeit

Dieses Ritual lädt dich ein, bewusst auf das Gelungene des Tages zu schauen. Am Morgen legst du zehn kleine Steine in deine rechte Hosentasche. Jedes Mal, wenn dir im Lauf des Tages etwas Schönes begegnet, dir jemand ein gutes Wort sagt, dir etwas geschieht, wofür du dankbar bist, gibst du einen Stein von deiner rechten Hosentasche in die linke. Am Abend, wenn dein Leben zur Ruhe kommt, kannst du dich hinsetzen und sehen, wie viele Steine in deiner linken Hosentasche sind. Erinnere dich entsprechend der Anzahl der Steine, wie viele schöne Ereignisse es heute gab und welche es waren.

Du kannst auch ein »Tagebuch der Dankbarkeit« schreiben, die schönen Ereignisse dort notieren. Dann gewinnst du nach und nach einen Überblick, wie viel Schönes dir im Leben begegnet ist.

Spüre nun die Dankbarkeit, die in dir ist – für all das Gute und Schöne, das dir heute begegnet ist. Wenn du magst, kannst du ganz bewusst ein Dankgebet sprechen oder dir in der Bibel einen Dankpsalm auswählen und so deinen Dank vor Gott tragen. Immer auch in dem Bewusstsein, dass es nicht selbstverständlich ist, am Abend dieses Tages gesund und heil angekommen zu sein.

Hör auf … perfekt sein zu wollen

Am Abend geht es um das Lassen der Arbeit. Dazu gehört auch die Überlegung, wie perfekt meine Arbeit am Abend sein muss. Wie vollendet muss sie sein oder kann ich sie auch unfertig liegen lassen? Muss ich sie unbedingt noch fertig machen oder hat das noch bis morgen Zeit?

Ein Mitbruder sprach neulich in einem Vortrag von den »Macken«, die ein Mensch haben kann. Und dass es gar nicht so sehr darum gehe, ihm diese abzugewöhnen, sondern vielmehr um die Frage: Wozu haben sie diesem Menschen geholfen im Leben? Was hat er dadurch gelernt? Welche Kompetenz hat er erworben? Sein Beispiel: Ein Kind wächst in einer Familie auf, in der der Vater Alkoholiker ist. Dann ist es wichtig, dieses Kind von damals als heute erwachsenen Menschen zu fragen, wie er diese Situation bewältigt hat, wie er mit ihr umgegangen ist und wie er sich als Kind gerettet hat, wenn der Vater wieder einmal getrunken hatte und unausstehlich war. Wo hat er Schutz gefunden? Was hat er dadurch gelernt und wie kann er diese Lernerfahrung heute nutzen?

Ein anderer hat darunter gelitten, dass er in der Schule nie gut in Naturwissenschaften war, wo doch seine Eltern wollten, dass er diese studiert und Professor wird. Genau dadurch konnte er aber entdecken, was seine eigentlichen Begabungen sind. Und diese entfalten.

Macken, Fehler, Unperfektes sind also zunächst Orte, an denen ich lernen kann, mich selbst gerade wegen oder trotz der eigenen Fehler zu akzeptieren. Man könnte sagen, dass Fehler so etwas wie die Rückseite der eigenen Begabungen sind. Wenn ein Mensch an Gott glaubt, kann ihm auch das Wissen helfen, dass Gott jeden Menschen bedingungslos liebt und er vor ihm nicht perfekt sein muss.

Setze dich für das Ritual an einen ruhigen Ort; vielleicht an einen Fluss oder Bach in deiner Nähe. So wie der Bach vorbeifließt, so lass jetzt deinen Tag an dir vorüberziehen. Vom Morgen bis zum Abend. Nimm vor allem das in den Blick, bei dem du spürst: Das war nicht perfekt, das hätte besser gelingen müssen, da bin ich mit mir unzufrieden oder habe meinem Perfektionsanspruch nicht genügt.

Überlege dann einmal, was vielleicht gerade erst dadurch, dass es nicht perfekt war, heute möglich wurde. Vielleicht hast du zum Beispiel eine Sache nicht zu Ende bringen können, weil ein dir wichtiger Mensch angerufen hat und deine Hilfe brauchte? Oder du merkst, dass die Arbeit, die dir dein Chef aufgetragen hat und die du nicht zu seiner und deiner Zufriedenheit zu Ende machen konntest, einfach nicht das ist, was dir entspricht. Deine Begabungen und Talente sind andere.

Du kannst dir an den Fluss oder Bach ein Papier mitnehmen und jetzt daraus ein Schiffchen basteln. All das Ungelöste, Unperfekte, Unvollendete übergibst du dann mit dem Schiff dem Wasser und lässt dir so all das Belastende und Schwere vom Gemüt nehmen. Vielleicht fällt dir auch eine andere Übung ein, die dich sinnlich erfahren lässt, dass du die Schwere des Unperfekten loslassen darfst. Dabei kannst du, wenn es für dich stimmig ist, Gott danken. Er nimmt dich an, so wie du bist. All das Unperfekte darfst du der Barmherzigkeit und Liebe Gottes anvertrauen und dir seine bedingungslose Liebe neu bewusst machen.

Die Nacht – Leben lassen

Am Beginn der Nacht lassen wir die bewusste Kontrolle über unser Leben los. In der Nacht überlasse ich mich dem Schlaf. Und damit meinem Atem. Der Atem ist Zeichen für das Leben – wer nicht mehr atmet, ist tot. Wenn wir einschlafen, vertrauen wir darauf, dass »es« in uns weiter atmet. Das ist das Wunder des Lebens: Bei meiner Geburt habe ich angefangen zu atmen. Es ist einfach geschehen. Und bis heute atmet es in mir. Jeden Tag unzählige Male. Es ist eine wunderbare Erfahrung, einfach nur den Atem in mir wahrzunehmen. Das Heben und Senken der Bauchdecke zu spüren, ohne irgendetwas anderes tun zu müssen. Nichts anderes geschieht, wenn wir einschlafen: Das Bewusstsein wird ausgeschaltet und »es« atmet weiter in uns – bis wir am nächsten Tag wieder aufwachen.

Die Nacht war für die Mönche immer schon der Ort der finsteren Mächte. Kinder brauchen abends und in der Nacht oft ein kleines Licht im Kinderzimmer oder im Flur und möchten, dass die Tür offen bleibt. Sie fürchten sich sonst in der Nacht, in der reinen Dunkelheit. Viele können nicht schlafen, wenn sie die Nähe der Eltern nicht spüren, wenn sie nicht das Gefühl haben, beschützt zu sein. Und kein Kind schläft ohne eine Gutenachtgeschichte, ohne sein Kuscheltier, ohne einen Gutenachtkuss von Mama oder Papa. Für viele ist es auch selbstverständlich, dass sie einen Schutzengel haben, der ganz persönlich für sie da ist und über ihnen wacht.

Aber auch Erwachsene haben ihre Riten am Ende des Tages. Die einen brauchen eine große, warme Decke für sich ganz alleine, andere hören Entspannungsmusik, wieder andere machen ein Nacht-Yoga. All das zeigt, dass wir von klein auf das Bedürfnis haben, den Übergang in die Nacht gut zu gestalten, ähnlich wie die größeren Übergänge in unserem Leben. Das »Umschalten« von Tag auf Nacht braucht einen Ausdruck.

In Benedikts Kloster war es üblich, dass nach dem Abendessen, wenn auch die Tischdiener gegessen hatten, die Gemeinschaft der Mönche sich noch mal versammelt und heilige Lesungen hört. Benedikt weist in seiner Regel ausdrücklich darauf hin, dass dabei die schrecklichen Geschichten der Bibel ausgelassen werden sollten, damit die Bilder von Niederschlagung der Feinde und Kampf nicht den Mönch in der Nacht aufschrecken lassen, weil sie sich der Seele eingeprägt haben und verarbeitet werden müssen.

Der Übergang in den Schlaf sollte ein Ritual sein, das dem Menschen die Möglichkeit bietet, wirklich zu entspannen und sich dem Lebensfluss, dem Fluss des Atems anzuvertrauen. Manche Menschen kommen abends von einer Sitzung, einem Abendtermin, essen dann noch schnell etwas, ziehen ihre Kleidung aus und fallen wie tot ins Bett. Gerade wenn man kurz vorher gegessen hat und der Magen voll ist, schläft man dann eher schlecht. Andere schlafen vor dem Fernseher ein. Sie verpassen den rechen Zeitpunkt, ins Bett zu gehen.

Daher ist es wichtig zu wissen, wann es Zeit ist, ins Bett zu gehen. Hier braucht es das Hören auf den Körper und die Seele. Wann ist mein Körper müde und braucht Erholung, wann hat meine Seele ausreichend Eindrücke vom Tag gesammelt und braucht jetzt Schlaf, um all das Erfahrene zu sortieren und zu verarbeiten? Gerade wenn man abends noch in Gesellschaft ist, kann es sein, dass man sich verpflichtet fühlt, zu bleiben. Ich weiß von einem Mitbruder, dass er seinen Rhythmus so weit kennt und einhält, dass er abends Veranstaltungen verlässt, wenn seine Zeit da ist, um ins Bett zu gehen.

Der Mönch: Das Nachtritual

Der Name unseres Nachtgebetes, Komplet, weist schon auf seine Bedeutung hin. Er ist verbunden mit dem Wort »komplett«. Dieses Gebet macht den Tag demnach komplett. Wenn aus irgendeinem Grund fest eingespielte Rituale fehlen beziehungsweise nicht stattfinden, weil man zum Beispiel zu müde war, sie zu vollziehen, spürt man das oft. Man fühlt: Da fehlt etwas, der Tag ist nicht vollständig. So ist es auch mit der Komplet. Sie rundet den Tag ab. In unserer Abtei findet dieses Nachtgebet sehr früh am Abend statt, schon um 19:35 Uhr. Diese Zeit richtet sich nach unserem frühen Tagesbeginn: Da jeder die Möglichkeit haben soll, acht Stunden zu schlafen, ist ein späterer Beginn kaum möglich. Der Tradition nach steht die Komplet am Beginn der Nacht, wenn die Sonne untergegangen, es dunkel geworden ist. Wir bitten darin um Schutz und Segen in der Nacht. Die Komplet beginnt nach dem gemeinsamen Einzug der Mönche und der Eröffnung mit einigen Momenten der Stille. Dies dient dazu, dass jeder Mönch für sich noch einmal seinen Tag in den Blick nimmt und vor allem das wahrnimmt, was an diesem Tag fehlerhaft gewesen ist, wo er Fehler gemacht hat. Es dient der Vorbereitung auf das jetzt folgende Schuldbekenntnis, das von allen laut gesprochen wird:

»Ich bekenne Gott dem Allmächtigen und allen Engel und Heiligen, dass ich Gutes unterlassen und Böses getan habe. Ich habe gesündigt in Gedanken, Worten und Werken. Darum bitte ich die selige Jungfrau Maria, unseren heiligen Vater Benediktus, alle Engel und Heiligen und euch, Brüder und Schwestern, für mich zu beten bei Gott, unserem Herrn.« Wir verbeugen uns dabei und bekommen im anschließenden Gebet die Vergebung zugesagt: »Gott, der allmächtige Vater, erbarme sich unser. Er lasse uns die Sünden nach und führe uns zum ewigen Leben.«

Dieses Bekennen der Schuld voreinander hat einen befreienden Charakter. Wenn so jeder vor der Gemeinschaft zugibt, dass auch er schwach ist und Fehler hat und an der Gemeinschaft immer wieder schuldig wird, dann schaut keiner den anderen komisch an, keiner verurteilt durch einen Blick, weil klar ist: Der andere ist gar nicht besser als ich. Der weiß genauso, dass er auf Vergebung angewiesen ist. Es erleichtert sehr, wenn das Fehlerhafte, das Unperfekte, das der Einzelne vielleicht schon sich selbst eingestanden hat, vor die Gemeinschaft gebracht, der Segen darüber gesprochen und die Barmherzigkeit Gottes zugesagt wird. Keiner muss sich verstecken, damit andere seine Fehler, Macken und Unzulänglichkeiten nicht bemerken. Keiner muss perfekt sein.

Gerade für Perfektionisten und Ungeduldige, die es auch im Kloster gibt, ist das Annehmen und Akzeptieren der eigenen und fremden Unzulänglichkeit nicht einfach. Dass manches nicht perfekt war und nicht zu Ende gebracht werden konnte an diesem Tag, fällt vor allem ihnen schwer. Umso wichtiger ist die Zusage der Vergebung und das Wissen: Morgen ist ein neuer Tag, ein neuer Anfang.

Nach dem Schuldbekenntnis werden die dann folgenden Psalmen im Sprechton rezitiert. Alle haben auch die Ewigkeit im Blick: Wer auf Gott vertraut, wer zu ihm sich flüchtet, der wird auch in der Nacht behütet sein und am Ende seines Lebens. Wenn der Tag an seinem Ende zurück in die Hände Gottes gelegt wird und ich mich dem Atem überlasse, schwingt immer auch das Überlassen am Ende meines Lebens mit. So wie der Tag zu Ende geht im Vertrauen auf Gott, so soll auch einmal das Leben an seinem Ende vertrauensvoll in die Hände Gottes gelegt werden.

Der sich an die Psalmen anschließende Hymnus hat das gleiche Thema: »In deiner Treue, die nicht wankt, sei Wächter auch in dieser Nacht ... Herr, schlage du den Feind in Bann, behüte uns an Seel und Leib.« Mit dem »Feind« ist der Teufel beziehungsweise das Böse gemeint, dessen Reich die Nacht und die Finsternis ist. Gott aber soll auch hier wachen und sich als der erweisen, der noch im Dunkel, im Tod sein Licht leuchten und keinen verloren sein lässt. Wie tröstlich ist das! In der Nacht leuchten auch die Sterne und der Mond. Der Mond ist immer schon der Wächter der Nacht. Und nicht wenige Menschen fühlen sich von einem klaren Sternenhimmel und gerade von einem Vollmond angezogen. Ein solcher hat etwas Mystisches. In den Naturreligionen gilt der Mond als weiblich und in den meisten Sprachen hat er einen weiblichen Artikel, nur in der deutschen Sprache ist er männlich. Damit wäre die Sonne Symbol für das Männliche, den Tag, das Arbeiten und Schaffen, während der Mond eher das Weibliche symbolisiert, das Kontemplative, das Beschützende und Bergende. In der Nacht also ist der Mönch – so sein Vertrauen – mütterlich behütet und beschützt.

Die Komplet findet folgerichtig ihren Abschluss mit dem gesungenen Gruß an Maria, der Mutter Jesu. Den größten Teil des Jahres singen wir das »Salve Regina«: »Gegrüßest seist du, Maria«, ein Gesang aus dem 13. Jahrhundert. Mit diesem Lied wenden wir Mönche uns an die weibliche, die bergende Seite Gottes. Maria wird in diesem Lied »Mutter der Barmherzigkeit« genannt. Das heißt: Über diesen Tag darf ich am Ende den Mantel der Barmherzigkeit legen und in Frieden den Tag beschließen. Ich finde es schön, sich am Beginn der Nacht dem weiblich-mütterlichen Schutz Gottes überlassen zu dürfen.

Am Ende besprengt der Abt die Gemeinschaft der Mönche mit Weihwasser. Es ist der Nachtsegen. Das Weihwasser erinnert an die Taufe. Ein Becken mit Weihwasser findet sich am Eingang jeder katholischen Kirche, damit, wer sie betritt, sich daran erinnert, Kind Gottes zu sein, mit der Würde des Gottessohnes, der Gottestochter ausgestattet und getauft. Von Beginn seines Lebens an ist jeder Kind Gottes, in der Taufe wurde es ihm bekräftigend zugesagt. Es ist ein schönes Zeichen, dass der Vater der Gemeinschaft – der Abt – dieses Symbol spendet.

Manche Mitbrüder verwenden das Weihwasser den ganzen Tag über. Manche haben kleine Weihwasserbecken auf dem Zimmer, bekreuzigen sich mit Weihwasser, wenn sie aufstehen, sich schlafen legen und jedes Mal, wenn sie das Zimmer verlassen oder wieder in das Zimmer hineingehen.

Nach der Komplet beginnt das »Große Schweigen« der Nacht. Jetzt soll das ganze Haus davon erfüllt sein. Einerseits ist die Nacht der Ort der Finsternis und der finsteren Kräfte. Andererseits ist aber auch die Seele in den Stunden der Nacht wach. Deshalb soll der Mönch schweigen. Nicht, damit endlich Ruhe ist, sondern um auf die wache Seele hören zu können. Es geht darum, der Seele Raum zu geben und bei sich zu bleiben, ohne Ablenkung.

Eigentlich sollte der Mönch nach der Regel Benedikts immer schweigen, den ganzen Tag, und nur das Notwendigste sagen. Und das achtsam und nicht plappernd. Er soll in einem ständigen Dialog mit Gott sein, stets nach innen hören, auf seine Seele, auf die beständige Gegenwart Gottes, und fragen, was Gott will, dass jetzt in seinem Namen getan und gesagt werden soll.

Hör auf …
es machen zu wollen

Suche dir am Abend einen Zeitpunkt und Ort, an dem du bewusst den Tag loslassen kannst. Wenn es geht, dann ist es gut, wenn Ort und Zeit jeden Tag gleich sind. Sorge dafür, dass du für eine Weile (15 bis 20 Minuten) nicht gestört wirst und alle technischen Geräte aus- beziehungsweise lautlos geschaltet sind. Komm dann an deinem Ort zur Ruhe. Mach dir bewusst und erlaube dir zu spüren, dass jetzt alles getan ist, was heute getan werden konnte. Du hast es getan, so, wie es dir möglich war. Auch wenn du nicht alles geschafft hast, was auf deiner To-do-Liste stand. Auch wenn du in der einen oder anderen Situation anders hättest reagieren sollen. Jetzt ist der Computer heruntergefahren, das Handy ausgeschaltet, sind die Kinder ins Bett gebracht, nun darfst du dich anvertrauen und kannst dich loslassen, in die Nacht und den Schlaf hinein. Geh deinen Tag noch einmal in Gedanken durch und danke dem Leben, danke Gott dafür, was dir gelingen durfte. Bitte um Verzeihung für das, was nicht gut war. Und wisse, dass er dir Frieden schenkt. Folge nicht deinen gedanklichen Grübeleien, was du hättest anders machen sollen oder können. Morgen ist ein neuer Tag mit neuen Möglichkeiten. Du kannst im Hintergrund ruhige Musik laufen lassen, die dir hilft, ruhig zu werden.

Wenn du einige Zeit lang so in Ruhe sitzen geblieben bist, dann kannst du deine Arme um dich legen, sie vor deiner Brust kreuzen und die Hände auf deine Schultern legen. Du umarmst dich jetzt selbst. In dieser Umarmung darfst du dich geborgen fühlen und spüren, dass dein Leben dich birgt und du in ihm beziehungsweise in Gott aufgehoben bist. Du kannst loslassen und darfst wissen: Mir ist verziehen. Ich kann ruhig ins Bett gehen und mich dem Schlaf anvertrauen.

Hör auf ... deine Träume

Die Nacht ist auch der Ort der Träume. Mit ihnen haben sich Menschen immer schon auseinandergesetzt. Sie haben meist tiefere Botschaften, die es zu entschlüsseln gilt. Und die dich zu dir selbst führen, zu deinem Seelenleben und zu Aspekten deines Seins, die dir nicht bewusst sind.

Möchtest du mit deinen Träumen arbeiten, ist es hilfreich, dass du dir an dein Bett am Abend ein Notizbuch bereitlegst und deine Träume nach dem Aufwachen aufschreibst – zumindest das, an was du dich erinnerst. Am besten legst du dir ein eigenes Traumtagebuch an. Schreibe auch deine Assoziationen zu dem Traum auf. Was fällt dir spontan ein zu den Personen, Landschaften, Dingen und weiteren Aspekten, die im Traum eine Rolle gespielt haben? Schau, ob eine der Assoziationen ein Gefühl in dir auslöst. Dann lass dieses da sein. Heiße es willkommen. Bleibe einige Minuten bei dem, was deine Notizen auslösen. Du darfst vertrauen – auch wenn du nicht jeden Traum tiefgehend analysierst –, dass er weiterwirkt in dir. Du hast den Traum im Aufschreiben gewürdigt, respektiert, ihm Ansehen gegeben. Das genügt. Du kannst dir aber auch einen Menschen suchen, der sich mit der Deutung von Träumen auskennt und mit ihm diesen Traum besprechen.

Hör auf ... das Schweigen

Das Schweigen lenkt den Blick nach innen. Nicht mehr das Äußere soll im Vordergrund stehen, sondern das nach innen Gewandte. Und das Schweigen wirkt in sich und aus sich heraus. Such dir dafür einen Platz in der Natur oder in deiner Wohnung. Schau, dass dich nichts ablenken kann. Nimm einfach dein Dasein wahr. Nimm die Geräusche um dich herum wahr. Das kann der Vogelgesang sein, das können die Nachbarn sein, die du hörst, das kann der Lärm von der Straße sein. Nimm diese Geräusche wahr und lass sie im Hintergrund mitlaufen. Konzentriere dich auf dein Schweigen. Nimm wahr, wie es ist, nicht zu reden, nichts sagen zu müssen, einfach bei dir sein zu können. Es werden viele Gedanken aufsteigen und Gefühle. Vielleicht auch manche, die du sonst im Lauf des Tages verdrängst und die schmerzvoll sind. Lass sie da sein und würdige sie. Sie möchten gesehen und geachtet werden, sie gehören zu dir. Bleib in der Stille und Ruhe. Spüre immer wieder den Boden und die Erde unter dir. Du bist mehr als all deine Gedanken und deine Gefühle. Spüre, wie du, wenn du auf deinen Atem hörst, ruhig wirst, dich getragen fühlst. Jetzt bist du ganz bei dir und angekommen.

Nur Mut!

»Nur Mut!«, das sagt ein Mitbruder dem Mönch, den er gerade trifft, immer wieder, egal, um welche Themen oder Schwierigkeiten es geht. Am Ende dieses Buches möchte ich dich ebenfalls ermutigen, mit mir zu fragen, was aus all dem bisher Gesagten über Rituale, ihren Sinn, über ihre Leere und Fülle, über Kirche und Tradition, für das Leben, für unser Ankommen bei uns selbst folgt.

Die entscheidende Aufgabe, die sich mir auf dem Weg als Mönch immer wieder stellt, ist die des Durchhaltens und die, auf dem Weg zu bleiben. Mir immer wieder bewusst zu machen: Ich habe mich einmal klar entschieden für diese Art und Weise zu leben, für diese Rituale, wie sie in der Abtei gestaltet werden. Das schließt grundsätzlich aus, dass ich jetzt einfach Buddhist werde und die Rituale dieser Religion vollziehe. Entscheidungen wollen und müssen auch durchgetragen werden.

Jeder Sportler weiß, dass man es sich ein oder zwei Mal leisten kann, das Training ausfallen zu lassen, im Folgenden spürt man aber schon die Konsequenzen. Auch Rituale leben von ihrer Regelmäßigkeit. Erst dann entfalten sie eine Tiefenwirkung in die Seele hinein. Deshalb auch gibt es das lebenslange Versprechen, unser sogenanntes Gelübde oder Profess, das wir Mönche nach langer Prüfung und Erprobung unserer Lebensform vor der Gemeinschaft ablegen.

Und dennoch sind wir nicht vor der Lustlosigkeit gefeit, Rituale regelmäßig zu vollziehen. Was dann? Was tue ich, wenn ich manchmal oder häufiger keine Lust habe, all die vielen Rituale und Gebetszeiten mitzumachen? Ist eine solche Lustlosigkeit nur ein Ausdruck meiner Faulheit? Oder spricht sie davon, dass die Rituale für mich leer geworden sind und ich sie nur noch vollziehe, weil ich sie immer schon so und nicht anders vollzogen habe? Mache ich dann dennoch weiter, obwohl ich um ihre Leere für mich weiß? Muss ich die Ordnung des Lebens durchtragen oder braucht es dann einen kreativen Aufbruch im Leben?

Lass es gut sein

Wie oben erwähnt, versucht die Regel des heiligen Benedikt und unser ganz konkretes Leben, den eigenen Bedürfnissen gerecht zu werden. Dabei geht es immer um ein Hören auf das, was Leib, Seele und Geist brauchen. Zugleich meint dieses Hinhören auf meine Bedürfnisse kein Leben nach dem Lustprinzip, nach dem, was mir kurzfristig Spaß macht. Spaß ist oberflächlich und schnell verflogen. Dagegen geht es bei Ritualen um die Wahrnehmung, dass beständige Wiederholung mir im tiefen Inneren guttut und mich zufrieden macht.

Vielleicht kennst du das: Du zwingst dich nach der Arbeit zum Sport, weil du jeden Tag oder genau an diesem Abend jeder Woche zum Training gehst und vielleicht quälst du dich auch hin. Es ist mehr als anstrengend. Aber nachher fühlst du dich ausgeglichen, zufrieden, wohlig ausgepowert, und spürst, dass das jetzt besser war als auf dem Sofa abzuhängen. Das bedeutet: Etwas, das mir tiefgehend und langfristig guttut und zu meinem Wohlbefinden, zu meiner Zufriedenheit beiträgt, kann und darf auch schwer sein! Es darf auch anstrengend sein und mir Disziplin abverlangen.

Benedikt war ein Meister in Menschenkenntnis. Seine ganze Regel ist davon durchdrungen. Ganz zu Beginn habe ich vom »weiten Herzen« des Mönches geschrieben – als Ziel seines Weges. Am Anfang dieses Weges, so sagt Benedikt, kann der Weg nicht anders sein als eng.

Wenn man sich entschieden hat, als Mönch zu leben und die ersten Schritte in dieses Leben hinein geht, dann ist es von jetzt auf gleich anders. Man ist von heute auf morgen mit ganz vielen großen und kleinen Ritualen konfrontiert und achtet mit Adleraugen darauf, dass man nichts falsch macht, weil man Angst hat, einer der Mitbrüder könnte einen blöd anschauen – was in der Regel nicht geschieht. Nach und nach werden viele Rituale zu Selbstverständlichkeiten und irgendwann möchte man sie nicht mehr missen. Irgendwann ist das Herz geweitet und es begreift nach und nach den Sinn der Rituale. Trotzdem bleiben die Ordnung, der Rhythmus des Tages, die Rituale am Anfang eine Herausforderung.

Einige Beispiele: Am Anfang kommt es einem fragwürdig vor, dass es einen Ostiar gibt, den Türwächter, meist versieht ein jüngerer Bruder diese Aufgabe. Er öffnet die Türen beim Einzug zum Gebet in die Kirche und beim Auszug und schließt sie wieder. Der Abt bekommt von ihm das Weihwasser gereicht, mit dem wir uns beim Einzug bekreuzigen. Warum macht der Abt das nicht selbst? Das kann er doch! Ist er etwas so Besonderes, dass man ihm das reichen muss?

Oder warum ist es Usus, dass die jungen Brüder, egal, welche Ausbildung sie haben, erst einmal im Haus helfen, Toiletten und Flure putzen und nicht direkt entsprechend ihren Ausbildungen und Begabungen eingesetzt werden? Hinzu kommen das frühe Aufstehen, die Gebete bei den Mahlzeiten, das Schweigen im Haus nach acht Uhr abends, das Ausgehverbot. Man hat vielleicht vieles schon vorher erlebt, als man Gast in der Abtei war und für einige Zeit mitgelebt hat. Daraus hat sich ein ungefähres Bild von diesem Leben abgezeichnet, aber so nah und hautnah kannte man es dann doch wieder nicht. Ganz schnell stellt sich einem die Frage: Wozu tue ich das alles? Habe ich mich wirklich dafür entschieden? Ein Mitbruder sagte mir in einer meiner Phasen, in der ich meine Entscheidung, Mönch zu werden, hinterfragte: »Diskutiere nicht jeden Tag neu, halte einfach mal ein Jahr durch, ohne es infrage zu stellen.« Das habe ich gemacht – und es hat geholfen. Ich bekam den Blick für die langfristige Wirkung.

Nach und nach wird einem bewusst, wie die Rituale, wie der strenge Tagesablauf helfen, bei sich selbst als Mönch, als Gottsucher anzukommen und in seine Gegenwart hinein zu finden. Die Rituale machen alle deutlich: Nichts ist selbstverständlich. Alles ist Geschenk und heilige Gegenwart Gottes. Das aber erschließt sich erst nach und nach im und durch den Vollzug.

Als ich Religionslehrer war an unserem Gymnasium, habe ich Schülern oft erzählt, wie ich sozialisiert wurde im Glauben. Meine Eltern haben mich von frühen Kindesbeinen an – ich war vier Jahre alt – mit in den Sonntagsgottesdienst genommen. Das war einfach so. Ich kann mich auch nicht daran erinnern, dagegen rebelliert zu haben. Ich habe natürlich nicht von Anfang an alles verstanden, was in der Kirche geschah. Manchmal habe ich auch nur auf der Kniebank gesessen und mit meinen Autos gespielt. Meine Seele aber, so glaube ich, hatte schon längst begriffen, was hier vor sich ging. Je älter ich wurde, desto mehr verstand ich das Ritual, wurden mir Kirche und Glauben vertraut. Ich ging zu den Messdienern, wurde Theologiestudent und schließlich Priester. Man muss nicht immer alles verstehen bei einem Ritual, sondern im Letzten darauf vertrauen, dass es wirkt. In der Tiefe spüre ich dann irgendwann, dass ich in mir selbst stabiler, gefestigter bin, meine wahre Größe, Würde, Kraft und mein inneres Feuer entdecke und spüre, ob es wirklich guttut oder nicht. Die Betonung liegt auf wirklich.

Du darfst aufhören

Das führt zum nächsten Thema. Benedikt weiß sehr genau, dass das, was dem einen wirklich guttut, für den anderen nicht gut sein kann. Man kann nicht alle Menschen über einen Kamm scheren und nach einem Maßstab beurteilen. Ich selbst bin seit Jahren nicht nur in der Klosterfeuerwehr aktiv, sondern auch in der Notfallseelsorge. Mitten aus meinem Alltag komme ich zu Unfällen, Bränden, Suiziden, plötzlichen Todesfällen, und betreue die Betroffenen. Ein Mitbruder sagt immer, er könne diese Arbeit nicht tun, weil er solche Einsätze immer mehrere Tage mit sich herumtragen würde. Ich dagegen kann eine Nacht darüber schlafen und dann ist es für mich in Ordnung.

So ist es auch mit Ritualen. Solche, die dem einen helfen, können für den anderen schlecht sein und umgekehrt. Über lange Zeit, so mein Eindruck, wurde der Vollzug von Ritualen von den Menschen an die Kirche delegiert. Man wusste zwar um die zentrale Bedeutung von Ritualen an wichtigen Lebensübergängen, aber manchmal nahm man daran nur teil, weil man es so gelernt hatte, der Pfarrer es so sagte und es sich nach Auffassung der Eltern einfach gehörte, es so zu tun. Dabei war das Kollektiv, in dem man lebte – die Familie, das Dorf –, die bestimmende und entscheidende Größe. Ob die jeweiligen Rituale dem Einzelnen guttaten, ob die Teilnehmenden sie innerlich bejahen konnten, war gar nicht so entscheidend.

Innerhalb der Kirche haben sich die Rituale noch einmal so verselbstständigt, dass die Menschen bis heute vielleicht noch daran teilnehmen, aber nichts mehr verstehen. Sie wurden mehr oder weniger zu Zuschauern, obwohl das Vollzogene eigentlich zutiefst mit ihnen, ihrem Leben, ihrem tiefsten Sein und Sinn verbunden ist. Abt Martin Wehrlen fragt: »Ob nicht die Kirche sich mehr von den Menschen verabschiedet hat, als die Menschen sich von der Kirche verabschieden?« (Wehrlen, S. 24) Dazu gehört sicher auch, dass die Sprache, die in der Kirche, während der Rituale gesprochen wird, kaum mehr jemand versteht, weil sie theologisch zwar richtig, aber eben theologisch ist und mit der Alltagssprache heute kaum mehr etwas gemein hat. Gerade deshalb empfinden viele Menschen Kirche und kirchliche Rituale als leer, als Worthülsen, die ihnen unverständlich bleiben. Zudem erleben viele Kirche als so lebensfern, dass sie hier keine Antworten mehr auf ihr Suchen finden. Dabei liegt in der Kirche und im christlichen Glauben eine so große Chance. Einen meiner Lieblingssätze in der Bibel habe ich bereits zitiert. Er stammt vom heiligen Paulus: »Wir wollen ja nicht Herren über euren Glauben sein, sondern wir sind Helfer zu eurer Freude!« (2 Korinther 1,24) Paulus geht es nicht darum, über den Glauben des Einzelnen zu bestimmen, sondern er möchte dazu helfen, dass die Freude im Menschen durchbricht. Der christliche Glaube will zu einer tiefen Hoffnung und Freude führen, zu einer Stabilität, zu einem Wissen und einem Begreifen und Spüren, dass unsere Existenz nicht zufällig ist, dass jeder gewollt ist und da sein darf – unabhängig von Rasse, Einkommen, Geschlecht, Religion. Statt aber die Freude zu leben und Menschen zu Freudenritualen einzuladen, die sie berühren, ist für viele kirchliche Würdenträger die Trennung in Konfessionen wichtiger, die Regelung, wer zum Mahl gehen darf und wer nicht. Der Auszug vieler Menschen aus der Kirche ist eine Botschaft: Denkt um! Nicht die, die ausziehen, dürfen verurteilt werden. Dann bleiben der Blick und die Aufmerksamkeit auf den wenigen ruhen, die bleiben. Das ist nicht die Lösung. Stattdessen sollten wir die, die gehen beziehungsweise gehen wollen, fragen: Was fehlt euch? Was braucht ihr? So wie Jesus die Menschen fragt: »Was willst du, dass ich dir tue?« (Lukas 18,41)

Noch spricht es zwar keiner laut aus, aber denken tun es einige: De facto gibt es in der Kirche eine Spaltung zwischen Traditionalisten und Fortschrittlichen. Der Jesuit Ignaz Kiechle hat genau zu diesem Thema vor einiger Zeit ein Interview gegeben und gesagt, dass man in der Kirche auch in Kauf nehmen müsse, wenn ein Teil (die Traditionalisten) sich abspaltet. Er sagt: »Das gab es in der Geschichte öfters, und wäre diese (Spaltung) wirklich so gravierend?« Es braucht einen Aufbruch, damit ein neuer Weg deutlich wird, wie

Menschen heute der tiefe Sinn des christlichen Glaubens zugänglich gemacht werden kann.

Dafür muss Kirche Riten und Rituale loslassen, die leer, die ausgehöhlt und eine Hülle ohne Inhalt geworden sind. Die Traditionalisten zum Beispiel pflegen bis heute die sogenannte alte oder tridentinische Messe. Sie wird von Anfang bis Ende in lateinischer Sprache gefeiert. Dazu steht der Priester mit dem Rücken zur Gemeinde und ist in keinerlei Bezug zu ihr. Er – so die Überzeugung der Traditionalisten – ist so allein Gott zugewandt und nur auf ihn konzentriert. In meiner Wahrnehmung hilft diese Form Menschen aber nicht, wirklich mit sich in Berührung zu kommen. Kirche darf aufhören, ängstlich festzuhalten und zu bewahren, ja muss aufhören, wenn sie die Freude und Lebendigkeit und das Leben in Fülle wiederentdecken will.

Auch jeder Einzelne darf und muss aufhören, Rituale zu vollziehen, die ihm nicht mehr guttun und ihm nicht mehr entsprechen. Daher sollte jeder sich immer wieder fragen, ob seine Rituale, die er vollzieht, ihn noch nähren oder nur aus Gewohnheit stattfinden. Und wenn sie nicht mehr stattfinden, ist die Frage, ob es Unlust ist oder Faulheit. Nimmt jemand gelegentlich oder regelmäßig an kirchlichen Ritualen teil, kann er sich fragen, ob er diese mit ganzem Herzen bejahen und vollziehen kann oder die Teilnahme lediglich aus Gewohnheit stattfindet.

In einer Gemeinschaft, in der ich lebe, ist immer wieder auch die Frage für den Einzelnen: Wieviel Kollektivismus muss und wieviel Individualismus darf sein? Wann darf ich auch beim Ritual einmal fehlen, weil ich gerade wirklich müde und erschöpft bin? Und welche privaten Rituale vollziehe ich nur für mich? Wann nehme ich teil, weil es der Gemeinschaft dient und weil ich mich für diese Gemeinschaft entschieden habe?

In der Beichte begegnet es mir immer wieder, dass Menschen bekennen: »Ich hab die Sonntagspflicht nicht eingehalten.« Damit ist gemeint, dass jeder katholische Christ gehalten ist, am Sonntag an der heiligen Messe teilzunehmen. Blieb man der Kirche sonntags fern, empfanden dies viele für sich als Sünde und man wurde vom Kollektiv – den Menschen in dem Dorf, in dem man lebte – misstrauisch beäugt. Die Menschen hatten es so gelernt und hielten sich daran. Sie kamen erst gar nicht auf die Idee, dass man das ändern oder ablehnen könnte. Wenn ich aber heute spüre, dass (ein) Gottesdienst mir nicht guttut, darf ich dann zu Hause bleiben und in meinem eigenen Ritual mit Gott in Kontakt kommen?

In der (katholischen) Kirche wird gerne gesagt, dass die Sakramente und hier noch einmal besonders die Eucharistie die dichteste Gegenwart Gottes unter den Menschen seien. Viele erzählen mir aber, dass sie Gott beziehungsweise das Göttliche nirgendwo so intensiv spüren wie in der Natur. Was gilt also? Das, was die Kirche sagt, oder was der Einzelne für sich empfindet?

Es ist völlig klar, dass eine Gemeinschaft, ein Kollektiv, gemeinsame Rituale braucht, um sich ihrer Identität zu versichern. Das ist im Fußball so, in der Familie, im Freundeskreis. Und in der Klostergemeinschaft. Das ist mein Kollektiv. Mit der Entscheidung für diese Gemeinschaft habe ich mich auch für die gemeinsamen Rituale entschieden. Wichtig war mir bei meinem Eintritt, dass für mich die Grundrichtung stimmt. Dass ich im Ganzen gesehen sagen kann: So, wie diese Gemeinschaft lebt, glaubt und Gottesdienst feiert, finde ich mich darin wieder. Das ist eine Lebens- und Glaubensform, die mich nährt. Natürlich braucht diese Entscheidung immer wieder eine Überprüfung. Einerseits muss die Gemeinschaft schauen, ob ihre gemeinsamen Rituale noch gelten, noch gefüllt sind oder ob sie leer gewordene Traditionen geworden sind. Zum anderen muss ich als Einzelner immer wieder sehen und überprüfen, ob diese Form des Lebens für mich stimmt und ich sie auch weiterhin leben will. Und auch, ob meine Rituale, die ich als Einzelner lebe und gestalte, zum Beispiel beim Aufstehen oder Schlafengehen, noch passen. Die größte Herausforderung dabei ist wohl, sich von Botschaften zu lösen, die wir als Kinder internalisiert haben. Zumeist gingen sie von unseren Eltern aus, aber wir haben sie auch von Freunden und später von Vorgesetzen gelernt. Wir haben diese Botschaften aufgesogen, in uns verankert und nach ihnen gehandelt. Eine solche Botschaft lautet: »Du bist nur von uns geliebt, wenn du Leistung bringst und brav bist.« Diese Sätze bleiben in uns »hängen« und wir handeln aktiv danach, auch wenn die Eltern längst gestorben sind oder wir die Stelle gewechselt haben und damit die Vorgesetzten. Im Letzten folgen wir diesen Botschaften, weil wir geliebt werden wollen. Wir glauben, wenn wir diese Forderungen erfüllen und nach ihnen leben, werden wir geliebt. Aber abgesehen davon, dass eine solche Liebe keine echte Liebe ist – denn die ist bedingungslos –, machen wir uns unfrei. Wir erfüllen die Erwartungen anderer, aber werden uns selbst und unseren Bedürfnissen nicht gerecht.

Es tut unheimlich gut, an einem bestimmten Punkt im Leben die Erlaubnis zu bekommen oder sich selbst die Erlaubnis zu geben, sich von diesen Glaubenssätzen zu verabschieden. Weil sie nicht unserem wahren Wesen entsprechen, unseren tiefsten Wünschen, und weil wir spüren, dass wir nicht mehr länger darauf verzichten dürfen, die eigenen inneren Bedürfnisse zu spüren und ihnen zu entsprechen. Und endlich so zu leben, wie es dem eigenen wahren Wesen entspricht. Und mit voller Kraft in unser Leben zu starten.

In diesem Sinne möchte ich zum Aufhören ermutigen! Wenn du selbst spürst, dass es Rituale gibt, die für dich nicht mehr passen, dann gilt immer auch: Du darfst aufhören!

Hör auf, Dinge zu tun, die dir nicht guttun, hör auf, sie nur deshalb zu tun, weil du sie immer schon getan, aber nie hinterfragt hast. Hör auf, Rituale zu vollziehen, die sich dir nicht erschließen, dir keine Freude bereiten und die du tust, weil man es dir so anerzogen hat.

Die entscheidende Frage ist: Was willst du? Das ist die Frage, die Jesus auch immer wieder stellt: Was willst du, dass ich dir tue? Also: Was macht dich zufrieden, was brauchst du? Welches Ritual bringt dich mit deinem tiefsten Wesen, deiner tiefsten Identität in Berührung und weckt deine Lebendigkeit? Welches Ritual kühlt dich ab, wenn deine Wut dich zur Weißglut treibt? Wie willst du deinen Tag beginnen und abschließen? Was schenkt dir am Abend eines Tages Ruhe und Frieden?

Geh auf Suche

Die Ermutigung zum Aufhören beinhaltet auch die Ermutigung dazu, auf die Suche zu gehen: nach neuen Formen, nach neuen Ritualen, die dir guttun und dir entsprechen. Nicht wenige Menschen, die sich von der Kirche heute abwenden, suchen Hilfe bei einem sogenannten Ritualgestalter. Das sind Menschen, die an wichtigen Stationen des Lebens oder bei Lebensübergängen für andere ein Ritual vollziehen. Das beginnt bei alternativen Tauffeiern und Hochzeiten. Aber auch rituelle Verabschiedungen sind dabei, wenn eine Ehe geschieden worden ist und die ehemaligen Partner einen Ritus wünschen und brauchen, um in Frieden und Respekt auseinandergehen zu können. Das ist etwas, was meiner Ansicht nach in der Kirche fehlt: Die Feier der Versöhnung oder Aussöhnung mit zerbrochenen Lebensentwürfen und die Versöhnung der Menschen, die es betrifft. Ritualgestalter vollziehen aber auch

Häuserreinigungen oder -segnungen mit Weihrauch und feiern alternative Beerdigungen. Es scheint ein weites Feld zu sein, auf dem jeder das passende Angebot für sich finden kann.

Wie aber kann jeder Einzelne entdecken und herausfinden, was ihm guttut, ihm entspricht, was sein Ritual ist? Wie kann er neue, alltägliche Rituale entdecken?

Ich möchte einige Gedanken und Aspekte nennen, die auf der Suche nach dem Eigenen helfen können:

Ich habe von dem Männerseminar in der Abtei erzählt, bei dem jeder Teilnehmer spontan eine biblische Männerfigur nennen sollte. Die Person, die ihm jetzt gerade als Erstes in den Sinn kam. Dann habe ich sie in der Bibel die Erzählung zu dieser Männerfigur nachlesen lassen und ihnen die Frage mitgegeben: Wo siehst du eine Parallele zwischen der biblischen Person zu deinem jetzigen Leben? Das könnte auch ein Aufhänger für eine eigene Übung sein: Du kannst in dich hineinhorchen, welche biblische Figur dir jetzt als Erstes einfällt. Nimm dir eine Bibel und lies die Geschichte zu deiner biblischen Figur. Frage dich, welchen Bezug diese Figur zu deinem aktuellen Leben hat und ob deine biblische Figur ein Ritual vollzogen hat, das dir jetzt auch guttun würde.

Hier einige Beispiele, was damit gemeint sein könnte: Mose führt das Volk Israel aus der Sklaverei in Ägypten in die Freiheit. Die Konsequenz für dich aus dieser Geschichte könnte sein, freier zu werden. Sich immer wieder neu bewusst zu machen: Gott ruft in die Freiheit, wir selbst sein zu dürfen – und nicht primär die Erwartungen der anderen zu erfüllen.

Fühlst du dich von den Erwartungen anderer eingeengt und nicht mehr frei, kannst du dich für einige Augenblicke hinstellen und den Boden unter dir spüren. Hier, wo du stehst, kann jetzt kein anderer stehen. Hier ist dein Platz. Strecke nun deine Arme und Hände aus, als ob du Stopp sagen wolltest oder jemanden nicht zu nah an dich herankommen lässt. Stelle dir nun vor, dass du so auch den Erwartungen anderer Grenzen zeigst. Sage dir selbst laut oder leise: »Ich bin frei und habe die Aufgabe, mir selbst treu zu sein. Ich muss nicht die Erwartungen anderer erfüllen.« Bleib einige Augenblicke so stehen, lass es auf dich wirken und löse dich dann aus diesem Ritual.

Dann gibt es noch den Propheten Elija. Er wird verfolgt, muss fliehen und sitzt am Ende erschöpft und mutlos in der Wüste. Dann aber kommt ein Engel, bringt ihm Brot und Wasser. Er stärkt ihn für seinen weiteren Weg. Ein Mitbruder, der immer wieder auch Menschen seelsorglich begleitet, sagte mir, dass er mit dieser Erzählung Menschen ermuntert, die gerade nicht wissen, wie es weitergehen soll. Für sie ist er dann gerne der Engel, der ihnen neuen Mut macht, ein gutes Wort sagt und sie aufbaut. Wenn du erschöpft bist, keine Lust mehr hast: Was ermutigt dich? Wer gibt dir neue

Kraft? Gibt es ein Wort, einen Spruch, der dir wichtig ist und den du mit dir tragen kannst und dann für einige Augenblicke in einem kleinen Ritual anschauen und auf dich wirken lassen kannst?

Und zuletzt Josef. Der Vater Jesu hört auf die Botschaft seiner Träume und damit auf Gott. Indem er die Weisungen der Engel befolgt, rettet er am Ende Jesus, Maria und sich selbst das Leben. Im Traum wurde ihm geboten, mit dem Kind nach Ägypten zu fliehen, um es vor Herodes zu bewahren. Josef kann Lebensretter sein, weil er auf eine Stimme hört, die in ihm ist. Selten ist unser Leben leiblich gefährdet. Wohl aber unsere eigene Lebendigkeit, das, wo wir sagen: Das bin ich selbst. Ich sprach von dem Musiker, für den Musik sein Leben ist. Und der zugleich weiß, dass er von Musikmachen nicht leben kann und trotzdem aber dem Ruf, den das Leben an ihn hat, treu bleiben will. Frage dich immer wieder einmal: Bin ich noch lebendig? Wer oder was bestimmt mich gerade? Was brauche ich, um lebendig zu bleiben? Wo und wann ist Zeit und Raum dafür?

Wenn du nun ein Ritual kreiert hast, das sich auf deine biblische Figur bezieht, dann überlege, wie du es in deinen Alltag integrieren kannst. Wann ist die beste Zeit dafür? Wann kannst du dir am besten Zeit dafür nehmen? Und dann tu es! Und nimm wahr, wie gut es dir tut!

Der menschliche Körper kann nicht lügen. Er äußert sich unverstellt und authentisch. Gibt es in deinem Leben eine Situation, die dir nicht guttut, dann reagiert er. Wir kennen das Wort, dass sich jemand in seiner Haut nicht wohlfühlt und meinen, dass ihm etwas unangenehm ist. Oder wir sagen, dass jemandem eine Situation auf den Magen geschlagen hat. Dann macht ihm etwas so sehr Sorgen, dass auch sein Magen reagiert und ihm im wahrsten Sinn des Wortes übel ist. Genauso kennen wir das Wort, das wir uns pudelwohl in unserer Haut fühlen wie neu geboren. Beides meint, dass wir uns bis in unseren Körper hinein wohlfühlen, entspannt sind. Wenn du nach neuen Ritualen und Formen suchst, vielleicht auch nach alternativen Gottesdiensten oder selbst Rituale entwickelst, die dich in eine Verbindung mit deiner tiefsten göttlichen Identität und Kraft bringen, dann frage auch deinen Körper, wie es ihm geht. Fühlst du dich wohl in dem Kirchenraum, den du zum ersten Mal besuchst, um dort am Gottesdienst teilzunehmen? Bringt dich die Ritualform, die du dir überlegt hast, in eine – auch körperliche – Entspannung? Fühlst du dich mit diesem Ritual frei und in deiner Kraft?

»Trial and error.« Alles Suchen ist Probieren. Als ich in die Abtei eingetreten bin, war in mir eine Ahnung, dass dies ein Ort für mich sein könnte. Ich wusste aber: Um herauszufinden, ob diese Ahnung stimmt, muss ich dieses Leben ausprobieren. Ich kann manche Fragen nicht lösen, indem ich sie nur durchdenke und überlege, wie es wäre, wenn ... Stattdessen muss ich es tun und dann erspüren, ob dieser Weg ein guter, ein erfüllender für mich ist. Meine Ahnung hat sich als tragfähig erwiesen. Wäre es anders gewesen, wäre ich in aller Freiheit gegangen und hätte einen neuen Weg ausprobiert.

Erlaube dir also, Neues auszuprobieren, von dem du ahnst, dass es ein Weg, ein Ritual für dich sein könnte. Manchmal ist es richtig schwer, sich von Wegen zu verabschieden, die man lange gegangen ist, von denen man aber spürt, dass sie jetzt nicht mehr tragen. Ich glaube, dass es viele Menschen gibt, die spüren, dass ihre Lebensformen, ihre Rituale nicht mehr für sie passen, aber auf diesen Wegen weitergehen – aus Angst, aus dem Zweifel heraus, ob neue und andere Wege wirklich tragen.

Freude ist ein untrügliches Kennzeichen dafür, dass ein Weg stimmt. Wie schon erwähnt: Freude ist nicht gleichbedeutend mit Spaß. Der Weg als Mönch macht nicht jeden Tag Spaß, aber er erfüllt mich mit einer inneren Freude und Zuversicht. Er macht mich froh. Anders gesagt: Er stärkt meinen Optimismus und meine Zuversicht, meinen Glauben daran, dass Gott uns alle in seinen Händen hält und dass mein Leben gelingt. Rituale sollen deine Freude und Zuversicht, deine Verankerung in einer inneren starken Hoffnung fördern und dich daraus dein Leben mit Mut und Zuversicht gestalten lassen.

Es gibt Menschen, die betrachten die Sehnsucht als rein romantisches Gefühl. Sie orientieren ihr Leben am Machbaren und handeln rein rational. Gott sei Dank hat es immer wieder Menschen mit einer großen Sehnsucht gegeben, der sie gefolgt sind. Sie hatten eine Vision von ihrem Leben, glaubten daran, die Kraft zu haben, die Welt zu verändern und sie ein wenig besser zu machen. Rein rational betrachtet war es romantisch, im Herbst 1989 daran zu glauben, dass ein Protest, der aus Gebeten und brennenden Kerzen bestand, zu der ersehnten Maueröffnung führen würde. Aber die Menschen haben ihrer Sehnsucht getraut. Und sind ihr gefolgt. Erspüre deine Sehnsucht: Was ist dein tiefster Wunsch? Was erhoffst du dir, dass durch ein Ritual geschehen soll? Höre in dich hinein und befrage deine Seele, wie dieses Ritual aussehen kann, damit deine Sehnsucht darin gestillt wird.

Viele wünschen sich Zufriedenheit. Gerade am Ende des Lebens ist es für uns wichtig, in einen inneren Frieden zu finden mit den Menschen, zu denen die Beziehung im Leben schwierig und konflikthaft gewesen ist. Frieden ist aber wohl eine große Sehnsucht aller Menschen. Und auch der zentrale Wunsch Jesu an seine

Jünger, als er ihnen nach seiner Auferstehung begegnet. Erlebe ich Menschen, die in einem tiefen Frieden mit sich sind, dann ist das immer wieder eine große Bereicherung. Denn so jemandem spürt man an, dass er diesen nicht im Haben findet und im Besitz. Frieden findet der, der ein tiefes Ja zu sich selbst, zu Welt und Schöpfung sagt, weil er sich von Gott bejaht weiß. Suchst du also neue Rituale, frage dich: Was führt dich in diesen Frieden, was lässt dich das Ja Gottes zu dir spüren und wie kannst du dein Ja zu dir selbst, zum Leben, zu Gott und der Welt ausdrücken?

»Geh, wohin dein Herz dich trägt« – der Titel eines Romans, der viele Menschen bewegt hat. Benedikt spricht vom »weiten Herzen« beziehungsweise davon, dass das Herz auf dem Weg und im Lauf der Zeit weit wird. Jeder von uns kennt wahrscheinlich Menschen mit einem weiten, großzügigen Herzen. Und jeder kennt solche, die wir als eng empfinden, als vorsichtig und ängstlich. Menschen, denen jede Veränderung vorkommt als ginge die Welt unter. Manchmal spüren wir eine solche Enge auch körperlich. Dann zieht sich das Herz zusammen, wir können nicht frei atmen und bekommen kaum Luft. Auch das Gegenteil kennen wir: dass sich der Brustkorb weitet, wir tief ein- und ausatmen und unsere Lungen und unseren Brustkorb mit Luft und Leben füllen. Suche also nach dem, was dich weitet, was dich frei atmen lässt.

»Das Huhn, das ein Adler war«, so lautet der Titel einer Erzählung: Ein Mann findet im Wald einen jungen Adler. Er trägt ihn zu sich nach Hause und sperrt ihn zu seinen Hühnern in den Stall. Da der Adler noch klein ist, lernt er von den Hühnern, sich wie ein Huhn zu benehmen, und ist nach einiger Zeit davon überzeugt, dass er ein Huhn ist. Niemand hat ihm gesagt, dass er eigentlich ein Adler ist. Nach Jahren kommt ein Förster am Hühnerstall vorbei, entdeckt den Adler unter den Hühnern und fragt den Mann, warum er denn einen Adler unter den Hühnern halte. Der Mann antwortet, dass dieses Tier eindeutig ein Huhn sei. Nach einiger Zeit bittet der Förster den Mann, ihm zeigen zu dürfen, dass das Tier in Wirklichkeit ein Adler ist. An drei Tagen hintereinander nimmt der Förster also das vermeintliche Huhn mit auf einen hohen Berg und hält es jedes Mal der aufgehenden Sonne entgegen. Am dritten Tag endlich blickt das »Huhn« in die Sonne, wartet einen Augenblick, breitet dann seine Flügel aus und fliegt davon – der Sonne entgegen.

So, glaube ich, fühlen viele Menschen. Sie leben in ihrer Welt, in dem, was sie kennen. Sie spüren vielleicht, dass sie eigentlich etwas ändern müssten, aber keiner sagt ihnen, dass sie es auch dürfen, dass sie den Hühnerstall – um im Bild zu bleiben – verlassen dürfen. Lange war es auch in der Kirche so. Den Gläubigen wurde gesagt, was sie zu tun und zu lassen hatten, welche Wege, welche Rituale sie zu vollziehen haben. Aber nie hat ihnen jemand gesagt, dass sie als Getaufte eine königliche Würde haben und sie in der Freiheit der Kinder Gottes leben dürfen. Das Volk Israel hat getanzt, als sie aus der Sklaverei in Ägypten in die Freiheit zogen und das rote Meer durchschritten! Was ist das für ein faszinierendes Freiheitsbild, das die Bibel hier beschreibt: Mirjam, die mit der Pauke in der Hand diesem Volk voranzieht, die als aus der Gefangenschaft Befreite Gott das Loblied auf der Trommel spielt (vgl. Exodus 15,20f).

Gott ruft jeden Einzelnen in seine Freiheit, lädt jede und jeden ein, ihm sein Freiheitslied zu trommeln, zu singen, zu tanzen, zu leben.

Erlaube dir, dich zu befreien, und erlaube dir, dir dieses Bild innerlich vorzustellen: Du bist der Adler, der in die Sonne gehalten wird, der seine Schwingen ausbreitet und fliegt. Der seine Freiheit entdeckt, sie lebt und gestaltet. Dann folge deinem Herzen und spüre, wohin es dich trägt.

Gedanken zum Schluss

Die Regel Benedikts beginnt mit dem Wort: »Höre!« Der Mensch soll hören auf die Weisung Gottes, auf seine Stimme, die er in sich hören kann. Er soll hören auf seine Bedürfnisse und den Weg, auf den Gott ihn ruft. Das letzte Wort der Regel lautet: »... und du wirst ankommen.« (RB 73,9) Wer den hörenden Weg geht, wer seiner Sehnsucht folgt, wird bei sich selbst ankommen und damit auch bei und in Gott, der im Menschen wohnt.

Das Anliegen dieses Buches war es, das Selbstverständliche von Ritualen aufzuzeigen und neu bewusst zu machen, wie wesentlich sie für das eigene Leben sind und sein können; wie wichtig, um sich selbst besser und tiefer zu verstehen und immer wieder und immer mehr bei sich selbst anzukommen. Und damit aus einer Mitte heraus zu leben und das eigene Leben daraus zu gestalten.

In einer Welt, die – so scheint es – immer mehr aus den Fugen gerät, ist dies umso wichtiger: dass wir in uns selbst eine Verankerung haben und in uns einen stabilen Halt finden, der uns mutig, froh und zuversichtlich sein lässt.

Nicht jeder Mensch kann ein so ritualisiertes Leben mit einer täglich gleichbleibenden Ordnung führen, wie ich es als Mönch tue. Daher mag das hier Gesagte Anregung und Ermutigung sein, sich selbstverständlich immer wieder auf den Weg zu machen und die Rituale zu entdecken, zu entwickeln und zu vollziehen, die der eigenen Seele entsprechen und guttun. Im eigenen Rhythmus!

Ich wünsche dir selbstverständlich einen lebendigen Weg. Mögest du wild und leidenschaftlich, geordnet und zielgerichtet leben und mögen die Rituale dir immer wieder sagen: Du bist willkommen in diesem Leben! Du bist behütet, gesegnet und geliebt! Für Gott ist das selbstverständlich.